JOHANNES THIELE

DAS ÖSTERREICHISCHE ZITATENLEXIKON

JOHANNES THIELE

DAS ÖSTERREICHISCHE ZITATENLEXIKON

:STYRIA

Die Deutsche Bibliothek – CIP-Einheitsaufnahme

Das österreichische Zitatenlexikon / Johannes Thiele (Hg.) –
Graz ; Wien ; Köln : Verl. Styria, 2001
ISBN 3-222-12877-4

www.verlagstyria.com

Layout und Umbruch: Helmut Lenhart, Graz
Umschlaggestaltung: Graphic-Design Mag. Kurt Rendl, Wien
Druck und Bindung: Wiener Verlag, Himberg
ISBN 3-222-12877-4

Abenteuer

Die wahren Abenteuer sind im Kopf, und sind sie nicht im Kopf, dann sind sie nirgendwo.

ANDRÉ HELLER

Aberglaube

Aberglaube ist immer noch etwas Besseres als Unglaube.

JOHANN NEPOMUK NESTROY

Die Abergläubischen, ein geheimer Orden.

KARL HEINRICH WAGGERL

Was wir Aberglauben nennen, das ist oft nur das Zittern und Wallen der erwärmten Luft um die aufrechte Flamme des Glaubens.

FRANZ WERFEL

Abonnent

Abonnenten sind nicht so leicht zu vertreiben. Es ist zum Staunen, was ein guter Abonnent verträgt.

JOHANN NEPOMUK NESTROY

Abreise

Abreisen sind immer überstürzt.

FRIEDRICH TORBERG

Abschied

Wenn dein Schiff fährt, wird es fahren. Wenn ich winken muß, werde ich winken. Wenn ich dich zum letzten Mal küssen darf, werde ich es so tun, rasch, auf die Wange.

INGEBORG BACHMANN

Ein Abschied schmerzt immer, auch wenn man sich schon lange darauf freut.

ARTHUR SCHNITZLER

Jeder Abschied ist ein Abschied für immer. So sehr ist alles dem Wechsel unterworfen.

KARL HEINRICH WAGGERL

Absicht

Man kann eher die Ansichten eines Mannes ändern als seine Absichten.

TOPSY KÜPPERS

Abtreibung

Die meisten meiner Mitmenschen sind traurige Folgen einer unterlassenen Fruchtabtreibung.

KARL KRAUS

Abwechslung

Die Natur des Geistes ist so gearbeitet, daß uns der Wechsel meist mehr Erholung schafft als die Ruhe.

ERNST VON FEUCHTERSLEBEN

Adel

Nach der Ausrufung der Republik wurde der Adel in Österreich abgeschafft. An seine Stelle ist der Besitz eines Abonnements bei den Konzerten der Wiener Philharmoniker getreten.

HANS WEIGEL

Älterwerden

Wenn ein Mann den Geburtstag seiner Frau nicht beachtet, hat er nicht gemerkt, daß sie um ein Jahr älter geworden ist. Gibt es ein schöneres Kompliment?

JOSEF MEINRAD

Ärger

Der geheime Groll alles dessen, das man hätte kennen können und nie gekannt hat.

ELIAS CANETTI

Er läßt sich seinen Ärger beim Essen durch keinen Appetit verderben.

KARL KRAUS

Ästhetik

Ethik ist die Lehre vom Schönen in uns, Ästhetik die Lehre vom Schönen um uns.

RICHARD VON COUDENHOVE-KALERGI

Ästhetik

Die wissenschaftliche Ästhetik sucht nach einem Universalziegel, aus dem sich das Gebäude der Ästhetik errichten ließe. Für uns ist aber Kunst das, was wir unter diesem Namen vorfinden.

ROBERT MUSIL

Affe

Der Übergang vom Affen zum Menschen sind wir.

KONRAD LORENZ

Aggression

Jeder Mensch hat ein Aggressionspotential, das er so oder so konsumieren muß.

SIGMUND FREUD

Agitator

Das Geheimnis des Agitators ist, sich so dumm zu machen, wie seine Zuhörer sind, damit sie glauben, sie seien so gescheit wie er.

KARL KRAUS

Ahnung

Wenn jeder Mensch ahnte, von wie vielen er durchschaut wird!

ELIAS CANETTI

Akrobatik

Ein geschickter Akrobat kann von Tag zu Tag geschwindere Purzelbäume schlagen und immer mehr. Das hat aber mit Vervollkommnung oder mit Entwicklung nichts zu tun.

ARTHUR SCHNITZLER

Alkohol

Wer nicht säuft, setzt heutzutage schon eine beachtliche und freiwillige Mehrleistung.

HEIMITO VON DODERER

Der Alkohol ist ein Gift. Das haben die Physiologen bewiesen. Aber gegen den Alkohol ist damit gar nichts bewiesen. Denn ein Gift kann immer noch eine Medizin sein.

EGON FRIEDELL

Alkohol

Es hat keinen Sinn, Sorgen im Alkohol ertränken zu wollen, denn Sorgen sind gute Schwimmer.

ROBERT MUSIL

Der Trunk ist ein Laster; darüber kann ich mitreden, denn ich trinke schon seit Jahren.

JOHANN NEPOMUK NESTROY

Wer sich verheizt fühlt, ist meistens auch versucht, mit Alkohol zu löschen.

HELMUT QUALTINGER

Allein

Man muß es wirklich genau und jederzeit wissen, daß man allein sei: Sonst verliert man den festen Stand und kann auch demjenigen keine helfende Hand mehr bieten, mit dem man vermeinte sich verschmelzen zu können.

HEIMITO VON DODERER

Allein sein bringt nur Strafen.

FRANZ KAFKA

Die Angst vor der Verbindung, dem Hinüberfließen. Dann bin ich nicht mehr allein.

FRANZ KAFKA

Was ich geleistet habe, ist nur ein Erfolg des Alleinseins.

FRANZ KAFKA

Wenn dich alles verlassen hat, kommt das Alleinsein. Wenn du alles verlassen hast, kommt die Einsamkeit.

ALFRED POLGAR

Alltag

Überall, zwei Schritte von deinen täglichen Wegen, gibt es eine andere Luft, die dich zweifelnd erwartet.

ELIAS CANETTI

Altar

Vorurteil stützt die Throne, Unwissenheit die Altäre.

MARIE VON EBNER-ESCHENBACH

Wem der Himmel zu fern ist, der mag sich mit seiner Andacht vor einem Altar bescheiden. Wahre Gebete fliegen hoch über jenen Altar zu Gott.

ARTHUR SCHNITZLER

Alter

Lang leben will jedermann, alt werden keiner.

EDUARD VON BAUERNFELD

Von einem bestimmten Alter an erscheint jeder kluge Mensch gefährlich.

ELIAS CANETTI

Man muß den Mantel konkreter Tätigkeit im Alter dichter um die Schultern ziehen, um bei herandrängender Weltraumkälte bestehen zu können.

HEIMITO VON DODERER

Je älter man wird, desto mehr braucht man einen Weißt-du-noch-Freund.

TILLA DURIEUX

Man sagt „in jungen Jahren“ und „in alten Tagen“, weil die Jugend Jahre und das Alter nur noch Tage vor sich hat.

MARIE VON EBNER-ESCHENBACH

Jung sein ist schön; alt sein ist bequem.

MARIE VON EBNER-ESCHENBACH

Wir werden alt, unsre Eitelkeit wird immer jünger.

MARIE VON EBNER-ESCHENBACH

Das Alter verklärt oder versteinert.

MARIE VON EBNER-ESCHENBACH

Alter

Im Alter sind wir der Schmeichelei viel zugänglicher als in der Jugend.

MARIE VON EBNER-ESCHENBACH

Mehr noch als nach dem Glück unserer Jugend sehnen wir uns im Alter nach den Wünschen unserer Jugend zurück.

MARIE VON EBNER-ESCHENBACH

Alt werden heißt sehend werden.

MARIE VON EBNER-ESCHENBACH

Die Frauen verlangen Unmögliches: Man soll ihr Alter vergessen, aber sich immer an ihren Geburtstag erinnern.

KARL FARKAS

Je älter man wird, eine desto engere Beziehung unterhält man zu Gegenständen.

HANS HABE

Was für eine Zauberei darin liegt, wenn einer alten Frau unter das Kinn gegriffen wird.

FRANZ KAFKA

Keine Grenze verlockt mehr zum Schmuggeln als die Altersgrenze.

KARL KRAUS

Im Alter kommt's eigentlich immer nur darauf an, mit wieviel Heiterkeit man seinem rüstigen Verfall entgegengeht.

ALEXANDER LERNET-HOLENIA

Ja, lang leben will halt alles, aber alt werden will kein Mensch.

JOHANN NEPOMUK NESTROY

Alter

Das Gute an der Senilität ist, daß sie einen selbst hindert, sie zu bemerken.

ALFRED POLGAR

Torheit schützt vor Alter nicht. (Aus Sprichwörtern fällt viel heraus, wenn man sie umdreht.)

ALFRED POLGAR

Vielleicht die größte Tragödie des Alters, daß die Vorzüge der Jugend – Leichtsinn, Beweglichkeit, Liebesbereitschaft – beim alten Mann komisch wirken.

ALEXANDER RODA RODA

Man kann eine Frau zuverlässig von jedem eingebildeten Leiden befreien, indem man behauptet, es sei eine Alterserscheinung.

ARTHUR SCHNITZLER

Nichts gibt Frauen eine königlichere Haltung als das Bewußtsein, daß sie ihr Alter besiegt haben.

ARTHUR SCHNITZLER

Willst du wissen, wie alt du bist, so frage nicht die Jahre, die du gelebt hast, sondern den Augenblick, den du genießt.

ARTHUR SCHNITZLER

Amateur

Die Liebe ist nichts anderes als ein Seiltanz von Amateuren ohne Balancierstange und Netz.

PETER ALTENBERG

Amt

Ein öffentliches Amt glänzend zu verwalten, braucht man eine gewisse Anzahl guter und schlechter Eigenschaften.

MARIE VON EBNER-ESCHENBACH

Anarchie

Anarchie wäre der wünschenswerte Zustand, wenn die Menschen Maschinen oder Götter wären. Aber dann müßte sie nicht erst gepredigt werden. Sie wäre eben da.

ARTHUR SCHNITZLER

Anekdote

In jeder wirklich guten Anekdote steckt der Keim zu einem Mythos, jede dichterische Allegorie nimmt Richtung auf ein Symbol zu.

ARTHUR SCHNITZLER

Anerkennung

Anerkennung und Applaus können auch Vernichtung bedeuten.

HELMUT QUALTINGER

Bornierte Menschen soll man nicht widerlegen wollen. Widerspruch ist immerhin ein Zeichen von Anerkennung.

RICHARD VON SCHAUKAL

Solange du auf Erden lebst, hast du kein Recht, rückhaltlose Anerkennung zu verlangen. Denn bis zu deinem letzten Augenblick besteht die Gefahr, daß du den Anspruch darauf wieder verwirkst.

ARTHUR SCHNITZLER

Anfang

Er möchte ganz von vorn beginnen. Wo ist vorn?

ELIAS CANETTI

Ein Anfang ist kein Meisterstück, doch guter Anfang halbes Glück.

ANASTASIUS GRÜN

Auch der erste Schritt gehört zum Wege.

ARTHUR SCHNITZLER

Anforderung

Merkmal großer Menschen ist, daß sie an andere weit geringere Anforderungen stellen als an sich selbst.

MARIE VON EBNER-ESCHENBACH

Nur die Anforderungen, die man selbst an sich stellt, nicht die, welche andere an uns stellen, sind entscheidend.

GUSTAV VON FESTENBERG

Anführungszeichen

Anführungszeichen sind oft nichts als eine faule Ausrede, mittels derer der Autor die Verantwortung für eine Banalität, die ihm in die Feder kam oder für die ihm nichts Besseres einfiel, dem schlechten Geschmack seiner Zeitgenossen aufzubürden versucht.

ARTHUR SCHNITZLER

Angriff

Es erfordert zuweilen mehr Mut, den Gegner zu fliehen, als ihn anzugreifen.

KARL HEINRICH WAGGERL

Angst

Das Verhältnis zur Geliebten steht unter permanentem Druck einer zweifachen Angst: daß es enden und daß es dauern könnte.

ALFRED POLGAR

Kein Unglück ist in Wirklichkeit so groß wie unsere Angst.

FRANZ WERFEL

Ungeduld ist Angst.

STEFAN ZWEIG

Anhänglichkeit

Nicht treuer, nur anhänglicher sind die Frauen als wir.

ARTHUR SCHNITZLER

Anklage

Man liebt als Selbsterkenntnis, was man als Anklage haßt.

ELIAS CANETTI

Anmaßung

Anmaßung geht niemals aus einem Dasein, sondern nur stets aus einem Mangel hervor.

ADALBERT STIFTER

Anmut

Anmut ist ein Ausströmen der inneren Harmonie.

MARIE VON EBNER-ESCHENBACH

Anmut ist ein großer Glanz von innen.

RAINER MARIA RILKE

Annehmlichkeit

Wer sich keine Annehmlichkeiten versagen kann, wird sich nie ein Glück erobern.

MARIE VON EBNER-ESCHENBACH

Anpassung

Die erste Wirkung einer Anpassung an andere ist, daß man langweilig wird.

ELIAS CANETTI

Der Mensch von heute liebt die Anpassung, die goldene Mittelmäßigkeit. Er kennt keine wirkliche Begeisterung, keine echte Hingabe, keinen wirklichen Kampf, keine wirkliche Liebe.

EUGEN ROSENSTOCK-HUSSEY

Ansagerin

Was die meisten Fernseh-Zuschauer übersehen: daß Ansagerinnen oft aus Schadenfreude lächeln.

WERNER SCHNEYDER

Ansehen

Wer den höchsten Rang in einer Gruppe von Tieren oder Menschen hat, ist leicht zu erkennen. Es ist immer derjenige, der am meisten angeschaut wird. Davon kommt auch das Wort Ansehen.

IRENÄUS EIBL-EIBESFELDT

Ansehen

Wie viele Menschen bestreiten aus Taschenspielerkniffen die Kosten ihres Ansehens! Und erstaunlich wenige merken es.

GRETE KÖRBER

Auch ein anständiger Mensch kann, vorausgesetzt, daß es nie herauskommt, sich heutzutage einen geachteten Namen schaffen.

KARL KRAUS

Ansicht

Gute Ansichten sind wertlos. Es kommt darauf an, wer sie hat.

KARL KRAUS

Wie oft halten wir für Unversöhnlichkeit der Ansichten, was nichts anderes ist als Verschiedenheit der Temperamente.

ARTHUR SCHNITZLER

Deine schlimmsten Feinde sind keineswegs die Leute, die anderer Ansicht, sondern die der gleichen sind wie du, aber aus verschiedenen Gründen, aus Vorsicht, Rechthaberei, Feigheit verhindert sind, sich dieser Ansicht zu bekennen.

ARTHUR SCHNITZLER

Im Munde gewisser Leute reizen einen die eigenen Ansichten zum Widerspruch.

KARL HEINRICH WAGGERL

Ansichtskarte

Manche Menschen reisen hauptsächlich in den Urlaub, um Ansichtskarten zu kaufen, obwohl es doch vernünftiger wäre, sich diese Karten kommen zu lassen.

ROBERT MUSIL

Anspruchslosigkeit

Anspruchslosigkeit ist Seligkeit.

MARIE VON EBNER-ESCHENBACH

Anspruchslosigkeit

Für die Anspruchsvollen plagt man sich, aber die Anspruchslosen liebt man.

MARIE VON EBNER-ESCHENBACH

Anständigkeit

Erzählt man anständige Witze, langweilen sich die Herren. Erzählt man pikante Witze, sagen wieder die Damen: „Die kenn' ich schon."

KARL FARKAS

Antisemitismus

Aus dem Antisemitismus kann erst etwas Richtiges werden, wenn ihn ein Jude in die Hand nimmt.

ALEXANDER RODA RODA

Anteilnahme

Kein Leiden braucht so viel Teilnahme und findet so wenige wie das selbst verschuldete.

MARIE VON EBNER-ESCHENBACH

Anteilnahme ist die gesellschaftliche Form der Zudringlichkeit.

HANS LOHBERGER

Die Anteilnahme der Nebenmenschen an unserem Schicksal ist Schadenfreude, Zudringlichkeit und Besserwisserei in wechselndem Gemisch.

ARTHUR SCHNITZLER

Antlitz

Kein Antlitz ist häßlich, in dessen Zügen sich die Fähigkeit zu einer echten Leidenschaft und die Unfähigkeit zu einer Lüge ausdrückt.

ARTHUR SCHNITZLER

Anziehen

Wenn man nicht weiß, was man zu einer Gesellschaft anziehen soll, kommt man am besten als erste. Dann haben die andern das Gefühl, falsch angezogen zu sein.

DAGMAR KOLLER

Anziehen

Eine richtige Frau wirkt voll bekleidet auf einen Mann anziehender als ein nacktes Weib.

ROMY SCHNEIDER

Anziehung

Niemand ist bereit ohne Anziehung. Jeder muß seine ganze Intensität aufbieten, um zu locken, um anzuziehen, zu strahlen.

ALMA MAHLER-WERFEL

Aphorismus

Richtige Aphorismen kommen nicht aus dem Gehirne, sondern aus dem Leben.

PETER ALTENBERG

Aphorismen sollen nicht ausgedachte Wahrheiten sein, sondern momentane Erleuchtungen aus dem Unterbewußtsein.

PETER ALTENBERG

Mancher Aphorismus ist das Grabmal eines frühzeitig verstorbenen großen Gedankens.

HERMANN BAHR

Die großen Aphoristiker lesen sich so, als ob sie alle einander gut gekannt hätten.

ELIAS CANETTI

Ein Aphorismus ist der letzte Ring einer langen Gedankenkette.

MARIE VON EBNER-ESCHENBACH

Einen Aphorismus zu schreiben, wenn man es kann, ist oft schwer. Viel leichter ist es, einen Aphorismus zu schreiben, wenn man es nicht kann.

KARL KRAUS

Aphorismus

Ein Aphorismus braucht nicht wahr zu sein, aber er soll die Wahrheit überflügeln. Er muß mit einem Satz über sie hinauskommen.

KARL KRAUS

Einen Aphorismus kann man in keine Schreibmaschine diktieren. Er würde zu lange dauern.

KARL KRAUS

Der Aphorismus deckt sich nie mit der Wahrheit; er ist entweder eine halbe Wahrheit oder anderthalb.

KARL KRAUS

Einer, der Aphorismen schreiben kann, sollte sich nicht in Aufsätzen zersplittern.

KARL KRAUS

Der längste Atem gehört zum Aphorismus.

KARL KRAUS

Aphorismen schreiben sollte nur einer, der große Zusammenhänge vor sich sieht.

ROBERT MUSIL

Aphorismus – das kleinste mögliche Ganze.

ROBERT MUSIL

Der treffende Aphorismus setzt den getroffenen Aphoristiker voraus.

ALFRED POLGAR

Im Herzen jedes Aphorismus, so neu oder paradox er sich gebärden möge, schlägt eine uralte Weisheit.

ARTHUR SCHNITZLER

Schüttle ein Aphorisma, so fällt eine Lüge heraus und eine Banalität bleibt übrig.

ARTHUR SCHNITZLER

Der gute Aphoristiker muß hassen können.

OTTO WEININGER

Der Kritizismus kann dich zum Philosophen machen, aber nur der Glauben zum Apostel.

MARIE VON EBNER-ESCHENBACH

Arbeit ist eine Sucht, die wie eine Notwendigkeit aussieht.

PETER ALTENBERG

Immer arbeiten und durch Arbeit das Leben höheren Sinnes lieben.

GUSTINUS AMBROSI

Die Natur hat weise dem Arbeitsmann rauhe Hände gegeben.

LUDWIG ANZENGRUBER

Der Arbeiter soll seine Pflicht tun, der Arbeitgeber soll mehr tun als seine Pflicht.

MARIE VON EBNER-ESCHENBACH

Bei der Arbeit magst du singen, das verleiht der Arbeit Schwingen.

ANASTASIUS GRÜN

Intelligente Menschen arbeiten selten und höchst ungern.

HANS HABE

Arbeit als Freude – unzugänglich den Psychologen.

FRANZ KAFKA

Man verachte die Leute, die keine Zeit haben. Man beklage die Menschen, die keine Arbeit haben. Aber die Männer, die keine Zeit zur Arbeit haben, die beneide man!

KARL KRAUS

Arbeit

Arbeit ist das, was man tut, um es einmal nicht mehr tun zu müssen.

ALFRED POLGAR

Wo Arbeit mit Passion sich deckt, darf sie nicht Arbeit heißen.

ALFRED POLGAR

Wer nicht schon in der Arbeit Genugtuung findet, der wird nie zur Zufriedenheit gelangen.

PETER ROSEGGER

Im Schweiße des Angesichts verdient man nur Brot, aber keinen Lorbeer, und es erfordert daher viel Arbeit, damit man der Arbeit die Arbeit nicht anmerke.

DANIEL SPITZER

Ich brauche Ruhe und Heiterkeit der Umgebung und vor allem Liebe, wenn ich arbeite.

ADALBERT STIFTER

Arche

Bei der nächsten Sintflut wird es keine Arche Noah geben.

HANS HABE

Architekt

Der Unterschied zwischen einem guten und einem schlechten Architekten besteht heute darin, daß dieser jeder Versuchung erliegt, während der rechte ihr standhält.

LUDWIG WITTGENSTEIN

Architektur

Architektur verewigt und verherrlicht etwas. Darum kann es Architektur nicht geben, wo nichts zu verherrlichen ist.

LUDWIG WITTGENSTEIN

Argument

Argumente nutzen gegen Vorurteile so wenig wie Schokoladenplätzchen gegen Verstopfung.

MAX PALLENBERG

Argumente fruchten gewöhnlich darum so wenig, weil nicht zu beweisen ist, daß etwas wahr sei, sondern daß jemand irrt.

KARL HEINRICH WAGGERL

Armut

Überall gibt es verschämte Arme, nur nicht in der Literatur.

MARIE VON EBNER-ESCHENBACH

Der Arme will nicht für arm, der Reiche nicht für reich gelten, der erste fürchtet verachtet, der zweite ausgebeutet zu werden.

MARIE VON EBNER-ESCHENBACH

Die nicht zu danken verstehen, das sind die Ärmsten.

MARIE VON EBNER-ESCHENBACH

Wer arm ist, der darf sich was vorlügen – das ist sein Recht. Vielleicht sein einziges Recht.

ÖDÖN VON HORVÁTH

Der Wohlfahrtsstaat löst die Armut nicht von selbst auf.

BRUNO KREISKY

Wenn arme Leute nachdenken, soll man sie nicht stören.

RAINER MARIA RILKE

Arm ist nicht, wer wenig hat, sondern wer viel braucht.

PETER ROSEGGER

Armut

Wie arm wäre die Welt, hätte die Armut nie zu leiden gehabt!

KARL HEINRICH WAGGERL

Der sicherste Reichtum ist die Armut an Bedürfnissen.

FRANZ WERFEL

Arroganz

Arroganz ist die Karikatur des Stolzes.

ERNST VON FEUCHTERSLEBEN

Arzt

Der wahrhaft vornehme Arzt, der für jeden seiner Patienten eine neue Krankheit erfindet.

ELIAS CANETTI

Ärzte werden gehaßt aus Überzeugung oder aus Ökonomie.

MARIE VON EBNER-ESCHENBACH

Jede Frau sollte zwei Ärzte haben: einen älteren, wenn sie krank ist, und einen jüngeren, wenn ihr etwas fehlt.

KARL FARKAS

„Der nächste bitte", sagte der Arzt. Er meinte den Schein.

WERNER SCHNEYDER

Astronaut

Alle Männer sind Astronauten: Sie träumen von einer weichen Landung auf der Venus.

KARL FARKAS

Atheismus

Atheismus ist ein Zeichen, daß man die Religion ernstnimmt.

KARL RAIMUND POPPER

Atmen

Es genügt nicht zu denken, man muß atmen. Gefährlich die Denker, die nicht genug geatmet haben.

ELIAS CANETTI

Aufführung

In jeder Aufführung muß das Werk neu geboren werden.

GUSTAV MAHLER

Aufgabe

Wenn man das Dasein als eine Aufgabe betrachtet, dann vermag man es immer zu ertragen.

MARIE VON EBNER-ESCHENBACH

Das schwere Leben ist am leichtesten zu tragen, wenn man sich eine schwere Aufgabe stellt.

PETER ROSEGGER

Aufklärung

Ein Aufklärungsfilm ist ein Streifen, in den man unaufgeklärt hineingeht und abgeklärt herauskommt.

KARL FARKAS

Sexuelle Aufklärung ist jenes hartherzige Verfahren, wodurch es der Jugend aus hygienischen Gründen versagt wird, ihre Neugierde selbst zu befriedigen.

KARL KRAUS

Sexuelle Aufklärung ist insoweit berechtigt, als die Mädchen nicht früh genug erfahren können, wie die Kinder nicht zur Welt kommen.

KARL KRAUS

Aufrichtigkeit

Keinen Anlaß zur Lüge zu haben, heißt noch nicht: aufrichtig sein.

ARTHUR SCHNITZLER

Aufsehen

Wenn Frauen Aufsehen erregen möchten, veranstalten sie am besten einen Schweigemarsch.

KARL FARKAS

Auftrag

Je höher der Auftrag, desto tiefer die Schuld.

FRANZ THEODOR CSOKOR

Auge

Das Licht ist für alle Augen, aber nicht alle Augen sind für das Licht.

ERNST VON FEUCHTERSLEBEN

Der Journalist hat zwei Augen und zwei Ohren, um doppelt so viel zu sehen und zu hören, wie geschieht.

ALEXANDER RODA RODA

Augenblick

Die Wirklichkeit jedes Augenblicks in unserem Leben hängt davon ab, inwieweit unsere Außenwelt und unsere Innenwelt einander wechselseitig übergreifen.

HEIMITO VON DODERER

Die Herrschaft über den Augenblick ist die Herrschaft über das Leben.

MARIE VON EBNER-ESCHENBACH

Die großen Augenblicke im guten wie im bösen Sinne sind die, in denen wir getan haben, was wir uns nie zugetraut hätten.

MARIE VON EBNER-ESCHENBACH

Auch eine stehengebliebene Uhr kann noch zweimal am Tag die richtige Zeit anzeigen; es kommt nur darauf an, daß man im richtigen Augenblick hinschaut.

ALFRED POLGAR

Bereit sein ist viel, warten können ist mehr, doch erst: Den rechten Augenblick nützen ist alles.

ARTHUR SCHNITZLER

Zwischen zu früh und zu spät liegt immer nur ein Augenblick.

FRANZ WERFEL

Große Augenblicke sind immer jenseits der Zeit.

STEFAN ZWEIG

Ausdauer

Ausdauer ist eine Tochter der Kraft, Hartnäckigkeit eine Tochter der Schwäche, nämlich der Verstandesschwäche.

MARIE VON EBNER-ESCHENBACH

Eiserne Ausdauer und klaglose Entsagung sind die äußersten Pole der menschlichen Kraft.

MARIE VON EBNER-ESCHENBACH

Ausführung

Im Entwurf zeigt sich das Talent, in der Ausführung die Kunst.

MARIE VON EBNER-ESCHENBACH

Ausgepfiffen

Pfeifen und Ausgepfiffenwerden ist immer gut. Es gibt mir so ein bürgerliches Gefühl, das entsteht, wenn der Tee kocht.

ANDRÉ HELLER

Ausland

Überall ist es erträglich. Doch am erträglichsten im Ausland.

WALTER SERNER

Das Fremdsein ist mein Handwerk.

FRANZ WERFEL

Ausnahme

Es ist traurig, eine Ausnahme zu sein. Aber noch trauriger ist es, keine zu sein.

PETER ALTENBERG

Ausnahmen sind nicht immer Bestätigung der alten Regel. Sie können auch Vorboten einer neuen Regel sein.

MARIE VON EBNER-ESCHENBACH

Ausrede

Je ungebildeter ein Mensch, je schneller ist er mit einer Ausrede fertig.

MARIE VON EBNER-ESCHENBACH

Ausrede

Das Wichtigste im Verkehr mit Menschen: ihnen ihre Ausreden wegräumen.

ARTHUR SCHNITZLER

Die einen Grund nicht haben, führen hundert Gründe an.

MARIE VON EBNER-ESCHENBACH

Was wissen wir nicht alles zur Entschuldigung von Fehlern und Übelständen vorzubringen, aus denen wir Nutzen ziehen!

MARIE VON EBNER-ESCHENBACH

Ausrufzeichen

Wer beim Schreiben viele Ausrufzeichen verwendet, spricht auch sehr laut.

HEIMITO VON DODERER

Außerordentlich

Ein stolzer Mensch verlangt von sich das Außerordentliche, ein hochmütiger schreibt es sich zu.

MARIE VON EBNER-ESCHENBACH

Es hat noch niemand etwas Ordentliches geleistet, der nicht etwas Außerordentliches leisten wollte.

MARIE VON EBNER-ESCHENBACH

Aussehen

Mancher müßte in einen Zerrspiegel schauen, um erträglich auszusehen.

ÖDÖN VON HORVÁTH

Aussicht

Der kleinste Hügel vermag uns die Aussicht auf einen Chimborasso verdecken.

MARIE VON EBNER-ESCHENBACH

Aussprechen

Alles, was sich aussprechen läßt, läßt sich klar aussprechen.

LUDWIG WITTGENSTEIN

Aussterben

Wenn die Männer aufhören, ritterlich zu sein, stirbt die Freiheit aus; und wenn die Frauen aufhören, mütterlich zu sein, stirbt die Menschheit aus.

RICHARD VON COUDENHOVE-CALERGI

Ausweichen

Ich habe die Beobachtung gemacht, daß ich nicht deshalb den Menschen ausweiche, um ruhig zu leben, sondern um ruhig sterben zu können.

FRANZ KAFKA

Auto

Das Auto ist ein Gerät, das es dem Menschen ermöglicht, rascher zur Arbeit zu kommen, deren Ertrag ihm ermöglicht, sich ein Auto zu kaufen.

WERNER SCHNEYDER

Ein Auto ist an und für sich schon ein Delikt.

WERNER SCHNEYDER

Autobiographie

Durch eine Autobiographie verliert man gewöhnlich auch noch den Rest seiner Freunde.

ROBERT NEUMANN

Beklagenswert, der nicht sein Leben, sondern seine Autobiographie lebt.

ARTHUR SCHNITZLER

Man hat es so leicht, seine Erinnerungen zu schreiben, wenn man ein schlechtes Gedächtnis hat.

ARTHUR SCHNITZLER

Autor

Welcher Autor darf sagen, daß der Gedanke an die Oberflächlichkeit der meisten Leser ihm stets ein peinlicher und nicht mitunter auch ein tröstlicher sei?

MARIE VON EBNER-ESCHENBACH

Autor

Über das Ausmaß seines Talents wird uns ein gewandter Autor zuweilen zu betrügen imstande sein, nie jedoch über den Grad des Interesses, das er selbst seinem Problem und seinen Gestalten entgegenbringt.

ARTHUR SCHNITZLER

Autorität

Das unfehlbarste Mittel, Autorität über die Menschen zu gewinnen, ist, sich ihnen nützlich zu machen.

MARIE VON EBNER-ESCHENBACH

Nichts ist im Menschen, auch im scheinbar aufgeklärtesten, fester verwurzelt als der Glaube an irgendwelche Autoritäten.

EGON FRIEDELL

Ein verfehltes Werk läßt sich verbessern, aber eines ist, das sich nicht mehr herstellen läßt, wenn es einmal abgewiesen ist: die Autorität.

FRANZ GRILLPARZER

Autorität über sich erkennen ist ein Zeichen höherer Menschlichkeit.

HUGO VON HOFMANNSTHAL

Das Gefühl der Autorität ist gut für die Gesundheit. Generäle und Generalmusikdirektoren haben selten Magengeschwüre.

JOSEPH WECHSBERG

Avantgarde

Echte Avantgarde ist nichts anderes als der mutige Rückschritt zur Vernunft.

KARL KRAUS

Die Anführer der Avantgarde sind die Garderobenfrauen. Sie stricken im Theater.

WERNER SCHNEYDER

Bahn

Nichts soll mich fortan aus meiner Bahn schleudern.

ALMA MAHLER-WERFEL

Ball

Daß es Leut' gibt, die auf einen Ball gehen, das find' ich begreiflich; aber daß es Leut' gibt, die einen Ball geben, das ist das, was mir ewig ein Rätsel bleibt.

JOHANN NEPOMUK NESTROY

Banalität

Ein neutraler Gedanke – das ist meist eine uralte Banalität in dem Augenblick, da wir ihre Wahrheit an uns selbst erfahren.

ARTHUR SCHNITZLER

Bankrott

Die Lebenslüge manches Staates wie manchen Individuums: Daß sie den Bankrott noch erwarten, ja sogar sein Ausbleiben noch für möglich halten zu einer Zeit, da sie schon mitten darinnen stehen.

ARTHUR SCHNITZLER

Bauen

Die moderne Bauschablone will mir wahrlich gar nicht passen.

RAINER MARIA RILKE

Beamter

Mit drei Ständen hab ich nichts zu schaffen: mit Beamten, Gelehrten und Pfaffen.

FRANZ GRILLPARZER

Bedeutung

Woher einer kommt, ist nahezu allen von allergrößter Wichtigkeit. Wohin einer geht, ist nur bei ganz vereinzelten von einer die Herkunft überwiegenden Bedeutung.

HEIMITO VON DODERER

Bedürfnis

Die meisten Bedürfnisse sind nur Ungezogenheiten.

PETER ALTENBERG

Beeinflussen

Die Frau, die ihren Mann nicht beeinflussen kann, ist ein Gänschen. Die Frau, die ihn nicht beeinflussen will – eine Heilige.

MARIE VON EBNER-ESCHENBACH

Begabung

Der Mut zur eigenen Begabung mißt sich vor allem an den nächst benachbarten steinernen Ungeheuern der Selbstverständlichkeit.

HEIMITO VON DODERER

Alles selbst machen zu wollen, ist das Kennzeichen der Unbegabten.

RICHARD VON SCHAUKAL

Manche großen Begabungen sind daran gescheitert, daß sie eine zu hohe Meinung von ihren eigenen Entdeckungen hatten.

OTHMAR SPANN

Begegnung

Alles wirkliche Leben ist Begegnung.

MARTIN BUBER

Begehren

Mit einem Weibe, das man begehrt, kann man sich nicht eher befreunden, als man es besitzt.

KARL HEINRICH WAGGERL

Begeisterung

Begeisterung ist keine Heringsware, die man einpökelt auf einige Jahre.

PETER ALEXANDER

Begeisterung spricht nicht immer für den, der sie erweckt, und immer für den, der sie empfindet.

MARIE VON EBNER-ESCHENBACH

Ist nicht Begeisterung ein Affekt, und ist sie nicht die Flamme, die das Leben des Menschen nährt und gebiert?

ERNST VON FEUCHTERSLEBEN

Begeisterung

Mißtraue der Begeisterung des immer Begeisterten. Er braucht sie als Korrektiv seiner Gleichgewichtsstörungen. Der Kreisel muß sich drehen, wenn er nicht umfallen will.

ALFRED POLGAR

Begeisterung ist's, die alles Edle schnell gebiert.

FERDINAND RAIMUND

Die höchste Begeisterung hat zum ganz Lächerlichen nur einen Schritt, so wie die tiefste Weisheit zur krassen Dummheit.

FRANZ SCHUBERT

Niemals vermindert Erkenntnis die wahre Begeisterung, sie erhöht und festigt sie nur.

STEFAN ZWEIG

Begierde

Begierde ist Bejahung des Begehrten; Verachtung dessen Verneinung.

GÜNTHER ANDERS

Es ist durchaus möglich, daß wir uns Begierden einbilden, weil wir sie gerne haben möchten.

HEIMITO VON DODERER

Begräbnis

Mit unseren Eltern begraben wir die Vergangenheit, mit unseren Kindern die Zukunft.

MARIE VON EBNER-ESCHENBACH

Begreifen

Begreifen – geistiges Berühren. Erfassen – geistiges Sichaneignen.

MARIE VON EBNER-ESCHENBACH

Es gehört immer etwas guter Wille dazu, selbst das Einfachste zu begreifen, selbst das Klarste zu verstehen.

MARIE VON EBNER-ESCHENBACH

Begriff Begriffs-Wäsche, also die Reinigung von Begriffen, macht es erforderlich, daß man diese in das Säurebad fundamentaler Skepsis werfe. Nur von dort unten wird man sie blank wieder hervorziehen.

HEIMITO VON DODERER

Behagen Am weitesten in der Rücksichtslosigkeit bringen es die Menschen, die vom Leben nichts verlangen als ihr Behagen.

MARIE VON EBNER-ESCHENBACH

Beifall Der Erfolgreiche hört nur noch Händeklatschen. Sonst ist er taub.

ELIAS CANETTI

Beischlaf Jemand, der mitten im Beischlaf aufhören und ehrlicherweise sagen würde: „Ich weiß nicht mehr weiter."

PETER HANDKE

Bekanntschaft Die furchtbarste Masse, die sich denken ließe, wäre eine aus lauter Bekannten.

ELIAS CANETTI

Beleidigung Die vom Messer beigebrachte Wunde heilt zu, die von der Zunge beigebrachte nicht.

KARL KRAUS

Benehmen Wohlerzogene Menschen sprechen in Gesellschaft weder vom Wetter noch von der Religion.

MARIE VON EBNER-ESCHENBACH

Daß so viel Ungezogenheit gut durch die Welt kommt, daran ist die Wohlerzogenheit schuld.

MARIE VON EBNER-ESCHENBACH

Das Maß des Anstandes liegt bei der Wirklichkeit.

HUGO VON HOFMANNSTHAL

Benehmen

Hochstapler haben meist ein vortreffliches Benehmen.

ALFRED POLGAR

Schließlich ist uns Anständigkeit immer nur anerzogen; bei manchen aber sitzt sie so tief, daß sie wie herzlich wirkt.

ALEXANDER RODA RODA

Beobachtung

Wenn man ein Seher ist, braucht man kein Beobachter zu sein.

MARIE VON EBNER-ESCHENBACH

Die meisten Menschen schämen sich origineller Beobachtungen, sie halten sie für eine Art Vergehen gegen die Sittlichkeit.

EGON FRIEDELL

Bequemlichkeit

Das Genie kann man nicht ersitzen, wie die Beamten ihre Pension.

HEIMITO VON DODERER

Die Unbequemen sind den Unbequemen stets bequem.

ANDRÉ HELLER

Berechnung

Alle Klugheit und Berechnung wird an der Einmaligkeit jedes Geschehnisses zuschanden.

KARL HEINRICH WAGGERL

Bereitschaft

Jeder Mensch kann alles – aber er muß auch zu allem bereit sein.

ALMA MAHLER-WERFEL

Bereit sein ist viel, warten können ist mehr, doch erst: Den rechten Augenblick nützen ist alles.

ARTHUR SCHNITZLER

Berg

Menschenaugen, die auf solchen Bergen glänzen, können nie ganz kurzsichtig, Herzen, die auf solchen Höhen wachsen, nie ganz engherzig werden.

PETER ROSEGGER

Der Glaube versetzt Berge, der Zweifel erklettert sie.

KARL HEINRICH WAGGERL

Bericht

Dadurch, daß man einen Bericht Report nennt, wird er nicht besser.

HELMUT QUALTINGER

Berühmtheit

Bei den Hottentotten ist nicht einmal Napoleon berühmt.

MARIE VON EBNER-ESCHENBACH

Man kann die Berühmtheiten nicht verstehen, wenn man die Obskuren nicht durchfühlt hat.

FRANZ GRILLPARZER

Es dürfte kaum einen Schriftsteller geben, der in so kurzer Zeit so unberühmt geworden ist wie dieser X.

KARL KRAUS

Beruf

Wer seinen Beruf zu zivilisieren versteht, kann selbst als Rechtsanwalt ein vollkommener Liebhaber sein.

FRANZ BLEI

Der Berufs-Schriftsteller macht seine Muse zur Prostituierten und wird dann ihr Strizzi.

HEIMITO VON DODERER

Um es in einem Berufe weit zu bringen, muß man nicht allein die Vorzüge, sondern auch die Fehler desselben haben. Die ersten sind der Geist, die zweiten der Körper der Aufgabe.

FRANZ GRILLPARZER

Beruf

Wer nicht Herr seines Handwerks ist, wird zu seinem Sklaven.

FERENC MOLNÁR

Man kann seinen Beruf auch verfehlen, indem man ihn ausübt.

KARL HEINRICH WAGGERL

Berufsrisiko

Wenn ein Frauenkenner sich verliebt, so gleicht er dem Arzt, der sich am Krankenbett infiziert. Berufsrisiko.

KARL KRAUS

Bescheidenheit

Bescheidenheit ist der Anfang aller Vernunft.

LUDWIG ANZENGRUBER

Die Bescheidenheit kriecht aus demselben Loch wie die Eitelkeit.

MARIE VON EBNER-ESCHENBACH

Die Bescheidenheit, die zum Bewußtsein kommt, kommt ums Leben.

MARIE VON EBNER-ESCHENBACH

Selbst der bescheidenste Mensch hält mehr von sich, als sein bester Freund von ihm hält.

MARIE VON EBNER-ESCHENBACH

Demut ist Unverwundbarkeit.

MARIE VON EBNER-ESCHENBACH

Ein kluger Mensch wird schon aus Egoismus bescheiden sein. Er schützt sich damit vor seinem perfidesten Gegner: vor sich selbst.

EGON FRIEDELL

Bescheidenheit

Hüte dich vor den Bescheidenen – du ahnst nicht, mit welch gerührtem Stolz sie ihre Schwächen hegen.

ARTHUR SCHNITZLER

Er ist nicht bedeutend genug, um so bescheiden zu sein.

DANIEL SPITZER

Besitz

Denn was wir besitzen, ist allein unser Beliefertwerden-können.

GÜNTHER ANDERS

Die Majorität glaubt aufgrund ihrer (nichtgespürten) Ketten, alles zu besitzen.

GÜNTHER ANDERS

Unser wahrer Besitz besteht in der jeweiligen Spitze unserer Ahnungen. Sie allein sind unser wirkliches Leben. Das Übrige ist zottelnder Nachtrab.

HEIMITO VON DODERER

Was du wirklich besitzt, das wurde dir geschenkt.

MARIE VON EBNER-ESCHENBACH

Heutzutage hat keiner genug, weil jeder zuviel hat.

KARL HEINRICH WAGGERL

Besser

Wenn du heute nicht etwas besser bist, als du gestern warst, bist du gewiß etwas schlechter.

MARIE VON EBNER-ESCHENBACH

Bessere Hälfte

Keine Frau ist so schlecht, daß sie nicht die bessere Hälfte eines Mannes sein könnte.

KARL FARKAS

Besserung

Umändern kann sich niemand, bessern kann sich jeder.

ERNST VON FEUCHTERSLEBEN

Besserung

Selbsterkenntnis ist fast niemals der erste Schritt zur Besserung, aber oft genug der letzte zur Selbstbespiegelung.

ARTHUR SCHNITZLER

Beste Gesellschaft

Die beste Gesellschaft nennt sich so, um sich von der guten zu unterscheiden.

WERNER SCHNEYDER

Bestseller

Je größer der Stiefel, desto größer der Absatz.

KARL KRAUS

Besuch

Verwandtengefühl habe ich keines, in Besuchen sehe ich förmlich gegen mich gerichtete Bosheit.

FRANZ KAFKA

Betrügen

Man darf niemanden betrügen, auch nicht die Welt um ihren Sieg.

FRANZ KAFKA

Aus einem bestimmten Anlaß betrügen heißt beinahe schon treu sein.

ARTHUR SCHNITZLER

Die Welt will betrogen sein, gewiß. Sie wird sogar ernstlich böse, wenn du es nicht tust.

WALTER SERNER

Bett

Wer die Geheimnisse des Bettes verrät, verdient die Liebe nicht.

INGEBORG BACHMANN

Kürzer sind die Gebete im Bett. Aber inniger.

RAINER MARIA RILKE

Bettelei

Erstritten ist besser als erbettelt.

MARIE VON EBNER-ESCHENBACH

Bewegung

Am rollenden Stein wächst kein Moos.

OSKAR KOKOSCHKA

Beweis

Der Beweis zerstört. Selbst das Wahrste zerstört der Beweis. Der Beweis ist das Erb-Unglück des Denkens.

ELIAS CANETTI

Beweise? Gereimte Behauptungen.

HANS LOHBERGER

Große Irrtümer und große Wahrheiten bedürfen nur für die erste Generation eines Beweises.

ALEXANDER RODA RODA

Bewunderung

Mir ist es unbehaglich, an einem Menschen zu bewundern, was er kann, wenn ich lieber bereit wäre, zu verehren, was er ist.

HERMANN BAHR

Es ist schwer, den, der uns bewundert, für einen Dummkopf zu halten.

MARIE VON EBNER-ESCHENBACH

Wie demütigend ist es, von Leuten bewundert zu werden, die uns nicht verstehen.

MARIE VON EBNER-ESCHENBACH

Wer bewundern will, findet immer etwas zu bewundern, denn die Bewunderung ist eine Art Aberglaube, der immer Wunder erwartet.

JOHANN NEPOMUK NESTROY

Trachte beliebt und nicht bewundert zu werden.

LUDWIG WITTGENSTEIN

Bezahlen

Man kann viele Dinge kaufen, die unbezahlbar sind.

MARIE VON EBNER-ESCHENBACH

Man muß im Leben für seine Erfahrungen bezahlen. Wenn man Glück hat, bekommt man Rabatt.

OSKAR KOKOSCHKA

Beziehung

Mich interessiert an einer Frau meine Beziehung zu ihr – nicht ihre Beziehung zu mir.

PETER ALTENBERG

Man kann einem Menschen nichts Böseres tun, als sich ausschließlich mit ihm zu beschäftigen.

ELIAS CANETTI

Beziehungen sind eine Rutschbahn nach oben.

KARL FARKAS

Phänomen der menschlichen Beziehungen, wenn sie lange genug dauern: das Unerträgliche wird das Unentbehrliche.

ALFRED POLGAR

In den Beziehungen zwischen Menschen gibt es so wenig einen Stillstand wie im Leben des einzelnen.

ARTHUR SCHNITZLER

Bibel

Die Heilige Schrift, das bedeutendste Buch der Menschheitsgeschichte, ist mit ihrer scharfen Trennung von Gut und Böse eine einzige Schwarzweißmalerei. Warum sollte man sich der Schwarzweißmalerei schämen?

HANS HABE

Bild

Nur ein Bild kann einem ganz gefallen, aber nie ein Mensch. Der Ursprung der Engel.

ELIAS CANETTI

Bild

Alle Dinge sind dazu da, damit sie uns Bilder werden in irgendeinem Sinne.

RAINER MARIA RILKE

Bildschirm

Manche Leute auf dem Bildschirm kennt man nur vom ständigen Wegschauen.

FRITZ MULIAR

Bildung

Wahre Bildung besteht darin, zu wissen, was man kann, und ein für allemal zu lassen, was man nicht kann.

HERMANN BAHR

Allgemeinbildung ist, so harmlos das Krankheitsbild immer auf den ersten Blick aussehen mag, doch nur in sehr vereinzelten Fällen heilbar. Das ist ganz ähnlich wie bei den sogenannten Gesinnungen.

HEIMITO VON DODERER

Halbgebildet erscheint mir, wer seine Arbeitshypothese für eine Theorie hält.

HEIMITO VON DODERER

Tiefe Bildung glänzt nicht.

MARIE VON EBNER-ESCHENBACH

Der Weg der neuen Bildung geht von Humanität durch Nationalität zur Bestialität.

FRANZ GRILLPARZER

Die Ungebildeten haben das Unglück, das Schwere nicht zu verstehen, dagegen verstehen die Gebildeten häufig das Leichte nicht, was ein noch viel größeres Unglück ist.

FRANZ GRILLPARZER

Bildung

Aus der Schulzeit sind mir nur die Bildungslücken in Erinnerung geblieben.

OSKAR KOKOSCHKA

Lerne nicht mehr als du unbedingt brauchst, um durchs Leben zu kommen.

KARL KRAUS

Bildung ist eine Krücke, mit der der Lahme den Gesunden schlägt, um zu zeigen, daß er auch bei Kräften sei.

KARL KRAUS

Eine umfassende Bildung ist eine gut dotierte Apotheke; aber es besteht keine Sicherheit, daß nicht für Schnupfen Zyankali gereicht wird.

KARL KRAUS

Bildung ist das, was die meisten empfangen, viele weitergeben und wenige haben.

KARL KRAUS

Bildung ist Überblick.

ANTON KUH

Ich bin vielseitig ungebildet.

ROBERT MUSIL

Biographie

Eine Tür sachte schließen oder sie dröhnend ins Schloß fallen lassen, ist schon eine ganze Biographie.

PETER ALTENBERG

Die wenigsten Menschen leben ihre eigene Biographie.

EGON FRIEDELL

Blick

Kann der Blick nicht überzeugen, überredt' die Lippe nicht.

FRANZ GRILLPARZER

Blindheit Die Sehenden sind es nicht, die sich für sehend halten, immer nur die Blinden.

MARIE VON EBNER-ESCHENBACH

Blitz Es sind nicht die schlechtesten Ehen, wenn ein Blitz mit einem Blitzableiter verheiratet ist.

TILLA DURIEUX

Blöße Wer professionell entblößt, den macht Nacktheit arbeitslos.

GÜNTHER ANDERS

Blondine Finanzminister müßte eine blonde Frau sein, denn es heißt, daß die Blonden halten, was die Schwarzen und die Roten versprechen.

KARL FARKAS

Blüte Hüte dich vor dem Imposanten! Aus der Länge des Stiels kann man nicht auf die Schönheit der Blüte schließen.

PETER ALTENBERG

Blume Blumen sind an jedem Weg zu finden, doch nicht jeder weiß den Kranz zu winden.

ANASTASIUS GRÜN

Böses Das Böse kann nicht mit der ganzen Seele getan werden; das Gute kann nur mit der ganzen Seele getan werden.

MARTIN BUBER

Es würde viel weniger Böses auf Erden getan, wenn das Böse niemals im Namen des Guten getan werden könnte.

MARIE VON EBNER-ESCHENBACH

Fremd und böse sind für mich immer noch ein und dasselbe.

MARLEN HAUSHOFER

Es bedurfte der Vermittlung der Schlange: das Böse kann den Menschen verführen, aber nicht Mensch werden.

FRANZ KAFKA

Laß dich vom Bösen nicht glauben machen, du könntest vor ihm Geheimnisse haben.

FRANZ KAFKA

Der Mensch ist gar nicht so böse von Jugend auf, er ist nur nicht ganz gut genug für die Anforderungen des modernen Gesellschaftslebens.

KONRAD LORENZ

Es gibt so viel Böses, das sich zu tun verlohnte.

ALMA MAHLER-WERFEL

Es gibt sehr wenig böse Menschen, und doch geschieht so viel Unheil in der Welt; der größte Teil dieses Unheils kommt auf die Rechnung der vielen guten Menschen, die weiter nichts als gute Menschen sind.

JOHANN NEPOMUK NESTROY

Im Bösen sind die Menschen wahrer als im Guten.

KARL HEINRICH WAGGERL

Wer nicht Böses tut, hat damit noch nichts Gutes getan.

KARL HEINRICH WAGGERL

Wie einfach ließe sich das Leben an, wenn nur die Schlechten schlecht sein könnten.

KARL HEINRICH WAGGERL

Bösewicht Jeder Weltmann verkehrt lieber mit einem wohlerzogenen Bösewicht als mit einem schlecht erzogenen Heiligen.

MARIE VON EBNER-ESCHENBACH

Bolschewismus Ein Mann, mit dem ich mich 1919 unterhielt, hat mir gesagt: „Der Bolschewismus wird zu einigen Jahren der Not und des Chaos führen, worauf dann der Weltfriede, Wohlstand und Glück Einzug halten werden." Die erste Hälfte des Satzes glaube ich ihm.

SIGMUND FREUD

Borgen Alles wird uns heimgezahlt, wenn auch nicht von denen, welchen wir geborgt haben.

MARIE VON EBNER-ESCHENBACH

Bosheit Boshaft sein ist die Verzweiflung über sich selbst.

PETER ALTENBERG

Die Gedankenlosigkeit hat mehr ehrliche Namen zugrunde gerichtet als die Bosheit.

MARIE VON EBNER-ESCHENBACH

Braut Die Würze einer langen Verlobungszeit liegt darin, daß die Bräute wechseln.

ALEXANDER RODA RODA

Brett Jeder Mensch hat ein Brett vor dem Kopf. Es kommt nur auf die Entfernung an.

MARIE VON EBNER-ESCHENBACH

Brief In Briefen erreicht man den Höhepunkt seines eigenen Seins, seines idealsten Denkens und Empfindens. Man wird man selbst!

PETER ALTENBERG

Brief

Ein so kurzer Brief kommt mir vor, als ob zwei Freunde, die sich lange nicht gesehen haben, an einem Ort zusammenkämen, sich da einen guten Morgen wünschten und wieder von dannen gingen.

ADALBERT STIFTER

Ist denn nicht das Schreiben selbst eine Unterredung mit dem Freunde? Mir wenigstens ist es fast ebenso süß, an ferne Liebe zu schreiben, als von ihnen Briefe zu empfangen.

ADALBERT STIFTER

Buch

Kein Buch kann einem Leser mehr geben, als er selbst dem Buch entgegenbringt.

HERMANN BAHR

Dem großen Publikum ist ein Buch nicht leicht zu schlecht, sehr leicht aber zu gut.

MARIE VON EBNER-ESCHENBACH

Die Langeweile, die in manchem Buche herrscht, gereicht ihm zum Heil; die Kritik, die schon ihren Speer erhoben hatte, schläft ein, bevor sie ihn geschleudert hat.

MARIE VON EBNER-ESCHENBACH

Ein anregendes Buch – eine Speise, die hungrig macht.

MARIE VON EBNER-ESCHENBACH

In einem guten Buche stehen mehr Wahrheiten, als sein Verfasser hineinzuschreiben meinte.

MARIE VON EBNER-ESCHENBACH

Ein vortreffliches Buch: erstens verschlingt man's, zweitens liest man's, drittens schafft man sich's an.

MARIE VON EBNER-ESCHENBACH

Buch

Bücher sind Brillen, durch welche die Welt betrachtet wird; schwachen Augen freilich nötig zur Stütze, zur Erhaltung. Aber der freie Blick ins Leben erhält die Augen gesünder.

ERNST VON FEUCHTERSLEBEN

Ein Buch muß die Axt sein für das gefrorene Meer in uns.

FRANZ KAFKA

Bücher sind beleidigt, wenn man sie verleiht. Deshalb kehren verleihte Bücher nicht mehr zurück.

OSKAR KOKOSCHKA

Woher habe ich eigentlich die Zeit, so viele Bücher nicht zu lesen?

KARL KRAUS

Je höher ein Buch, desto mehr muß der Leser dazu mitbringen; freilich wiegt dann dieser Leser ganze Königreiche auf.

ADALBERT STIFTER

Buchmesse

Die einzigen, die an die Wichtigkeit der Frankfurter Buchmesse glauben, sind die zu Hause gebliebenen Gattinnen.

HANS HABE

Bürokratie

Was man für ein Amt in der Welt bekleide, man muß die Amtsmiene so gut studieren und ausüben als die Amtspflicht.

ERNST VON FEUCHTERSLEBEN

Die Fesseln der gequälten Menschheit sind aus Kanzleipapier.

FRANZ KAFKA

Bürokratie

Was ist Bureaukratie? Eine Regelung der einzelnen Inkompetenzen im Sinne der allgemeinen Verantwortung.

ANTON KUH

Die Bürokratie ist die verrückte Anstrengung, ohne viel Mühe ein Ding im Gang zu halten, von dem man nichts weiß und das einen nicht schiert.

FRANZ WERFEL

Der Bürokrat tut seine Pflicht von neun bis eins. Mehr tut er nicht.

CARL ZELLER

Buße

Die kleinsten Sünder tun die größte Buße.

MARIE VON EBNER-ESCHENBACH

Callgirl

Das Callgirl hat die Maitresse ersetzt, weil die Männer, die für ihre Frauen keine Zeit haben, nun auch für ihre Geliebten keine Zeit haben.

HANS HABE

Charakter

Im Unglück groß sein, ist einfach. Charakter bewährt sich erst im Glück.

GÜNTHER ANDERS

Wer Charakter hat, kann das schwerste wagen: nichts als ein gewöhnlicher Mensch zu sein.

HERMANN BAHR

Für jede Eigenschaft hat der Mensch eine eigene Hoffnungslosigkeit.

ELIAS CANETTI

Jeder Mensch, der nur seinen Charakter realisiert, ist dämonisch.

HEIMITO VON DODERER

Eine brave Frau mit schlechtem Charakter – wie oft kommt das vor!

MARIE VON EBNER-ESCHENBACH

Charakter eines Menschen: seine gebändigte, zugehauene, zugeschliffene oder seine wild wuchernde Natur.

MARIE VON EBNER-ESCHENBACH

Jeder, auch der geistig Schwächste, hat die Erfahrung an sich gemacht, daß er die Kraft zu wollen besitzt, die sich im Starken zum Charakter ausbildet.

ERNST VON FEUCHTERSLEBEN

Charakter

Der Charakter, den man mit 20 Jahren gehabt hat, ist mit 40 unbrauchbar, mit 60 beinahe eine Schande.

HANS HABE

In der Nacht hat der Mensch nur ein Nachthemd an, und darunter kommt gleich der Charakter.

ROBERT MUSIL

Charakterstärke ist oft nichts anderes als Gefühlsschwäche.

ARTHUR SCHNITZLER

Jede Gabe ist ein Geschenk Gottes, der Charakter aber ein Produkt der eigenen Seele, weshalb Gaben entzükken, Charaktere aber geliebt werden.

ADALBERT STIFTER

Charme

Ohne Talent zur Liebenswürdigkeit kein Talent zum Glücklichsein.

MARIE VON EBNER-ESCHENBACH

Chauvinismus

Am Chauvinismus ist nicht so sehr die Abneigung gegen die fremden Nationen als die Liebe zur eigenen unsympathisch.

KARL KRAUS

Christentum

Das Christentum hat die erotische Mahlzeit um die Vorspeise der Neugier bereichert und durch die Nachspeise der Reue verdorben.

KARL KRAUS

Im Christentum sagt der liebe Gott gleichsam zu den Menschen: Spielt nicht Tragödie, das heißt Himmel und Hölle auf Erden. Himmel und Hölle habe ich mir vorbehalten.

LUDWIG WITTGENSTEIN

Christus

Die Tatsache, daß Christus von der unbefleckten Maria geboren werden konnte, war die erste Weihnachtsüberraschung.

WERNER SCHNEYDER

Cognac

Wie will man das Dasein Gottes leugnen und zugleich die Existenz von Cognac erklären?

ALEXANDER RODA RODA

Dame

Eine Dame ist eine Frau, die nicht immer weiß, was sie zu tun hat, aber immer weiß, was sie zu unterlassen hat.

HERMANN BAHR

Liebe ist wie Schach: manchmal spielt man blind, manchmal simultan – und immer ist die Dame die stärkste Figur.

KARL FARKAS

Behandle jede Dame liebenswürdig und zuvorkommend, auch wenn sie nicht mehr jung und schön ist; sie könnte vielleicht doch eine Journalistin sein.

EGON FRIEDELL

Dankbarkeit

In jede hohe Freude mischt sich eine Empfindung der Dankbarkeit.

MARIE VON EBNER-ESCHENBACH

Wer sich ganz dem Dank entzieht, der erniedrigt den Beschenkten.

FRANZ GRILLPARZER

Unter Dankbarkeit versteht man gemeinhin die Bereitwilligkeit, lebenslänglich Salbe aufzuschmieren, weil man einmal Läuse gehabt hat.

KARL KRAUS

Man darf sein Leben nicht vorübergehen lassen, ohne ein Wort der Dankbarkeit an jene zu richten, die man innig verehrt.

STEFAN ZWEIG

Debatte

Debatten – beliebt als Maskenfest des Unveränderbaren.

WERNER SCHNEYDER

Dekolleté

Dekolleté ist die Kunst, für den richtigen Mann richtig ausgezogen zu sein.

ELKE SOMMER

Demagoge

Demagogen sind Leute, die in den Wind sprechen, den sie selbst gemacht haben.

HELMUT QUALTINGER

Demokratie

Es ist ein Vorzug der Demokratien, gekrönter oder ungekrönter, daß sie alle starken menschlichen Qualitäten zum Verschwinden bringen.

FRANZ BLEI

Demokratie ist auch so ein Kaugummiwort. Ein paar hundert Kilometer weiter weg, da meint man etwas ganz anderes damit.

OSKAR KOKOSCHKA

Demokratie mit Klumpfuß ist besser als Diktatur mit Stechschritt.

FRITZ MULIAR

Denken

Das Denken, der Zeit verhaftet, verfällt auch wieder der Zeit. Aber weil es verfällt, eben deshalb muß unser Denken neu sein, wenn es echt sein und etwas bewirken will.

INGEBORG BACHMANN

Es mag nicht immer wichtig sein, was man täglich denkt. Aber ungeheuer wichtig ist, was man täglich nicht gedacht hat.

ELIAS CANETTI

Wer nicht merkt, daß er denkt, wenn er denkt, ist reif für eine Denkpause.

ELIAS CANETTI

Gedanken, die schockweise kommen, sind Gesindel. Gute Gedanken erscheinen in kleiner Gesellschaft. Ein göttlicher Gedanke kommt allein.

MARIE VON EBNER-ESCHENBACH

Nur der Denkende erlebt sein Leben. Am Gedankenlosen zieht es vorbei.

MARIE VON EBNER-ESCHENBACH

Immer denken macht müde, aber immer *denken* ist gut.

BRUNO ERTLER

Mehr denken als leben ist Sache der Philosophen; mehr leben als denken Sache der Frau. Deshalb mögen sie einander nicht.

BRUNO ERTLER

Der Analytiker macht Staub aus dem Menschen.

KARL KRAUS

Aus Lebensüberdruß zum Denken greifen: ein Selbstmord, durch den man sich das Leben gibt.

KARL KRAUS

Denken – das heißt eingesehen zu haben, daß das Wissen zu Ende geht.

HANS LOHBERGER

Alles, was wir denken, ist entweder Zuneigung oder Abneigung.

ROBERT MUSIL

Denken ist immer eine schlimme Sache.

OSKAR PANIZZA

Auch sehr ins Weite denken, ist manchmal nur eine Art, sich das Leben bequem zu machen.

ARTHUR SCHNITZLER

Wer nicht weiterdenkt, denkt überhaupt nicht.

ARTHUR SCHNITZLER

Denken

Auch im Denken gibt es eine Zeit des Pflügens und eine Zeit der Ernte.

LUDWIG WITTGENSTEIN

Denkmal

So manches papierne Denkmal hat mehr Bestand als ein Denkmal von Erz.

MARIE VON EBNER-ESCHENBACH

Für mich ist Denkmal ein lebenslanger Imperativ, der aus zwei Wörtern besteht.

FRITZ GRÜNBAUM

Dessous

Es kommt gewiß nicht bloß auf das Äußere einer Frau an. Auch die Dessous sind wichtig.

KARL KRAUS

Deutsche

Daß die Deutschen diesem schaukelnden Traum, dieser bild- und begrifflosen Ahnungslosigkeit einen so hohen Wert beilegen, ist eben das Unglück dieser Nation.

FRANZ GRILLPARZER

Die Deutschen sitzen an der Tafel einer Kultur, bei der Prahlhans Küchenmeister ist.

KARL KRAUS

Das sogenannte „Kosmische" der Deutschen ist eine Fortsetzung ihres Subordinationsbedürfnisses ins Jenseits.

ANTON KUH

Der Deutsche ist ein Regimentskamerad. Der Österreicher ein Mitschüler.

ANTON KUH

Den Deutschen fehlt der Witz, ihren eigenen zu begreifen.

WERNER SCHNEYDER

Gefühle – das, was die Deutschen stets investieren, statt zu verschenken.

WERNER SCHNEYDER

Deutschland

Deutschland ist das Epizentrum der Humorlosigkeit.

ANDRÉ HELLER

Deutschland ist das einzige Land, in dem die Schlagersänger so aussehen wie ihre Lieder.

ANDRÉ HELLER

In Deutschland bilden zwei einen Verein. Stirbt der eine, so erhebt sich der andere zum Zeichen der Trauer von seinem Platz.

KARL KRAUS

Die deutsche Sprache ist die tiefste, die deutsche Rede die schlechteste.

KARL KRAUS

Wer dem deutschen Volke das Volkslied, das entschwindende, wiederbringt, bringt ihm seine Seele wieder.

PETER ROSEGGER

In Deutschland ist der Erfolg das Abonnement für schlechte Kritiken.

JOHANNES MARIO SIMMEL

Diagnose

Eine der verbreitetsten Krankheiten ist die Diagnose.

KARL KRAUS

Dichter

Der Dichter soll immer verständlich sein und das Publikum immer verständig.

WILHELM FISCHER

Dichter

Ein Dichter ist ein Mensch, der von der Zukunft mehr versteht als von der Gegenwart.

EGON FRIEDELL

Ein Dichter ist ein Mensch, der für sich nur noch eine einzige Privatangelegenheit anerkennt: die Sache der Menschheit.

EGON FRIEDELL

In Wirklichkeit ist der Dichter immer viel kleiner und schwächer als der gesellschaftliche Durchschnitt. Er empfindet darum die Schwere des Erdendaseins viel intensiver und stärker als die anderen Menschen.

FRANZ KAFKA

Ich denke mir manchmal, Dichter sind die geborenen Verbrecher, nur ohne die nötige Courage.

ARTHUR SCHNITZLER

Unter dem Vorwande, daß er unglücklich sei, machte er lyrische Gedichte.

DANIEL SPITZER

Ein in den weitesten Kreisen zum Speisen eingeladener Dichter ...

DANIEL SPITZER

Dichtung

Die echten Dichtungen haben eine Scheu davor, zu Buchstaben zu gefrieren. Die besten Gedichte sind nur mit dem Herzen geschrieben und kommen niemals in die Setzmaschine.

EGON FRIEDELL

Alle echten Dichtungen sind schöne Rätsel und wollen gar nichts anderes sein.

EGON FRIEDELL

Dichtung

Eine Dichtung ist nichts anderes als eine Aufforderung an das Publikum, zu dichten.

EGON FRIEDELL

Dichten ist Gerichtstag halten über sich selbst; mit einem sicheren Freispruch.

ROBERT MUSIL

Die Erfahrung lehrt, daß es beim Dichten wie beim Pistolenschießen immer ein wenig die Hand verreißt. Meist nach unten. Man muß höher zielen, als man treffen will.

ALFRED POLGAR

Wer dichtet, sündigt wenigstens nicht.

KLAUSJÜRGEN WUSSOW

Dilettant

Nur beim Dilettanten decken sich Mensch und Beruf.

EGON FRIEDELL

Die neue Schauspielkunst: Dilettanten ohne Lampenfieber.

KARL KRAUS

Das sind die großen Künstler. Wenn's ans Leben geht, sind sie samt und sonders Dilettanten. Alles fließt in das Werk.

ALMA MAHLER-WERFEL

Dilettant sein, das heißt: seiner eigenen Einfälle nicht wert, aber auf sie stolz sein.

ARTHUR SCHNITZLER

Der gescheite Mensch ist nur ein Dilettant in der Dummheit; aber wenn er es einmal versucht, einen dummen Streich zu begehen, so ist dieser trotzdem gewiß weit dümmer als der des virtuosesten Dummkopfes.

DANIEL SPITZER

Diplomatie

Diplomatie ist ein Schachspiel, bei dem die Völker matt gesetzt werden.

KARL KRAUS

Das ist die unerschöpfliche Diplomatensprach'; so oft sie auch das alte Recht verdrehen, erfinden sie einen neuen Ausdruck dafür.

JOHANN NEPOMUK NESTROY

Weltgeschichte ist eine Verschwörung der Diplomaten gegen den gesunden Menschenverstand.

ARTHUR SCHNITZLER

Dirigent

Ein Dirigent ist als Magier am Werk. Er hält seine Hände beschwörend hoch, bis die Musik wetterleuchtet und donnert.

INGEBORG BACHMANN

Viel müssen die Dirigenten auf ihr Gewissen nehmen. Sie sind nicht nur dazu da, den Takt zu schlagen.

INGEBORG BACHMANN

Früher gingen die Leute ins Konzert, um Musik zu hören. Heute gehen sie hinein, um Dirigenten zu sehen.

PAUL HÖRBIGER

Orchester haben keinen eigenen Klang; den macht der Dirigent.

HERBERT VON KARAJAN

Die überwältigende Mehrheit der Konzertbesucher möchte dort sitzen, wo man den Dirigenten von vorn sehen kann.

HERBERT VON KARAJAN

Diskussion

Unter Diskussion verstehen Männer die Kunst, den Partner zum Schweigen zu bringen. Frauen verstehen darunter die Kunst, den Partner nicht zum Reden kommen zu lassen.

FRITZ ECKHARDT

Den Gegner mit dem Vorsatze, ihn zu widerlegen, anzuhören, ist falsch, eine solche Unterredung läuft auf Selbstbetrug hinaus. Man muß den Gegner mit innerem Schweigen anhören.

OTHMAR SPANN

Distanz

Man kann keine Ehe auf Distanz führen.

ALMA MAHLER-WERFEL

Dogma

Es trifft sich herrlich, daß von vielumstrittenen Lehrsätzen auch immer das Gegenteil richtig ist.

ALEXANDER RODA RODA

Droge

Länder, die noch die Todesstrafe kennen, können auf das Doping weitgehend verzichten.

WERNER SCHNEYDER

Der berechtigte Widerstand einer Generation gegen das Manipuliertwerden endete interessanterweise vor der Droge.

WERNER SCHNEYDER

Dummheit

Feierlichkeit nennt man jenen Nebel, den die Dummheit erzeugt, wenn sie in die Enge getrieben wird.

HEIMITO VON DODERER

Jeder Mensch hat ein Brett vor dem Kopf. Es kommt nur auf die Entfernung an.

MARIE VON EBNER-ESCHENBACH

Dummheit

Wer nichts weiß, muß alles glauben.

MARIE VON EBNER-ESCHENBACH

Alberne Leute sagen Dummheiten, gescheite Leute machen sie.

MARIE VON EBNER-ESCHENBACH

Der Gescheitere gibt nach! Ein unsterbliches Wort. Es begründet die Weltherrschaft der Dummheit.

MARIE VON EBNER-ESCHENBACH

Was nennen die Menschen am liebsten dumm? Das Gescheite, das sie nicht verstehen.

MARIE VON EBNER-ESCHENBACH

Es gibt Menschen, die selbst für Vorurteile zu dumm sind.

EGON FRIEDELL

Die gefährlichste Sorte von Dummheit ist ein scharfer Verstand.

HUGO VON HOFMANNSTHAL

Ich dumme Gans glaubte an eine jungfräuliche Reinheit, die zu bewahren sei.

ALMA MAHLER-WERFEL

Wenn die Dummheit nur eine Geistesschwäche wäre! Leider ist sie aber eine furchtbare Stärke, sie ist ein Fels, der unerschüttert dasteht, wenn auch ein Meer von Vernunft ihm seine Wogen an die Stirne schleudert.

JOHANN NEPOMUK NESTROY

Je dümmer der Mensch ist, desto mehr Wohlgefallen hat er an sich selbst.

JOHANN NEPOMUK NESTROY

Dummheit

Meide die Dummen – sie sind gefährlich; Dynamit explodiert einmal, die Dummen täglich.

ALEXANDER RODA RODA

Eine Dummheit wird immer zuerst von ihren Opfern eingesehen, zu spät von ihren Stiftern.

ALEXANDER RODA RODA

Es gibt Dummheiten, an die man nicht einmal denken darf, ohne sich ihrer schon halb schuldig gemacht zu haben.

ALEXANDER RODA RODA

Man verzeiht jedem seine erste kolossale Dummheit, aber niemals die zweite, die erste verteidigen zu wollen.

DANIEL SPITZER

Nichts Liebenswerteres in der Welt, als Dummheit, die schweigen kann.

KARL HEINRICH WAGGERL

Am auffälligsten unterscheiden sich die Leute dadurch, daß die Törichten immer wieder dieselben Dummheiten machen, die Gescheiten immer wieder andere.

KARL HEINRICH WAGGERL

Unsere größten Dummheiten können sehr weise sein.

LUDWIG WITTGENSTEIN

Wenn die Menschen nicht manchmal Dummheiten machten, geschähe überhaupt nichts Gescheites.

LUDWIG WITTGENSTEIN

Dummkopf

Es gibt kaum etwas Schöneres, als dem Schweigen eines Dummkopfes zuzuhören.

HELMUT QUALTINGER

Egoismus

Je kleiner das Sandkörnlein ist, desto sicherer hält es sich für den Mittelpunkt der Welt.

MARIE VON EBNER-ESCHENBACH

Es gibt eine schöne Form der Verstellung: die Selbstüberwindung – und eine schöne Form des Egoismus: die Liebe.

MARIE VON EBNER-ESCHENBACH

Immer erlebt der Egoist mehr Enttäuschungen als der edle Mensch.

WILHELM FISCHER

Es gibt flache Egoisten und tiefe Egoisten. Die letzten nennt man Altruisten.

EGON FRIEDELL

Die Ich-Sucht vergeht nicht so sehr durch Taten als durch Nicht-Verstehen.

HUGO VON HOFMANNSTHAL

Uneigennützige Liebe ist doch nur Egoismus in edlerer Form.

JOHANN NEPOMUK NESTROY

Ehe

Die Ehe verlangt von zwei Menschen die größtmögliche Beherrschung der Kunst der Unaufrichtigkeit.

VICKI BAUM

Die Ehe als Domestizierungsversuch der Liebe trägt den Ehebruch in sich.

FRANZ BLEI

Die Ehe ist die exemplarische Bindung, sie trägt uns in die große Gebundenheit, und nur als Gebundene können wir in die große Freiheit der Kinder Gottes gelangen.

MARTIN BUBER

Die Ehe ist eine Einrichtung zur Erzeugung gemeinsamer Gewohnheiten.

TILLA DURIEUX

Eine Ehe ist die Summe zweier Einsamkeiten, gebrochen durch Langeweile.

TILLA DURIEUX

Es sind nicht die schlechtesten Ehen, wenn ein Blitz mit einem Blitzableiter verheiratet ist.

TILLA DURIEUX

Die Ehe ist ein Zustand, in dem es zwei Leute weder mit noch ohne einander längere Zeit aushalten können.

MARIE VON EBNER-ESCHENBACH

Jedes brave eheliche Verhältnis endet mit Freundschaft.

MARIE VON EBNER-ESCHENBACH

Soweit die Erde Himmel sein kann, soweit ist sie es in einer glücklichen Ehe.

MARIE VON EBNER-ESCHENBACH

Wenn der Mann das Amt hat und die Frau den Verstand, dann gibt es eine gute Ehe.

MARIE VON EBNER-ESCHENBACH

Die Ehe ist das zu sozialer Wirksamkeit erhobene Bekenntnis zur Fleischessünde, die ob so demütigen Eingestehens ihrer Unaufhebbarkeit vergeben wird.

ALBERT PARIS GÜTERSLOH

Die Ehe ist eine Institution zum leichteren Ertragen von Leiden, die man nicht erleiden würde, hätte man nicht geheiratet.

HANS HABE

Ehe

In der Ehe wird das Geschick der Welt entschieden. In der Ehe wird Geschichte gemacht.

FRIEDRICH HEER

Der Tod selbst ist für den, der nachdenkt, nichts so Ernstes wie die Ehe.

HUGO VON HOFMANNSTHAL

Da das Halten wilder Tiere gesetzlich verboten ist und die Haustiere mir kein Vergnügen machen, so bleibe ich lieber unverheiratet.

KARL KRAUS

Die einen verführen und lassen sitzen; die anderen heiraten und lassen liegen. Diese sind die Gewissenloseren.

KARL KRAUS

Die Ehe ist eine Mesalliance.

KARL KRAUS

Die Ehe – die vom Staat sanktionierte Tyrannei.

ALMA MAHLER-WERFEL

Man kann keine Ehe auf Distanz führen.

ALMA MAHLER-WERFEL

Ehen werden im Himmel g'schlossen, darum erfordert dieser Stand eine so überirdische Geduld.

JOHANN NEPOMUK NESTROY

Verheiratete seufzen immer tiefer als die Ledigen.

JOHANN NEPOMUK NESTROY

Ehe

Im Mittelalter hat man ein Leben, reich an Taten und noch reicher an Untaten, unter anderem auch als Einsiedler abgebüßt; jetzt hat man bloß die Zweisiedelei des Ehestands, um Jugendtorheiten abzubüßen.

JOHANN NEPOMUK NESTROY

Das Glück mancher Ehe beruht auf einer alten Weisheit: Was man nur ahnt, das weiß man noch lange nicht.

MAX PALLENBERG

Die meisten Ehen scheitern an den Verhältnissen. Man sollte aber nicht unfair sein: Es sind auch schon sehr schöne Verhältnisse an Ehen gescheitert.

WERNER SCHNEYDER

Gott weiß, warum er seine Priester vor der Ehe schützt.

WERNER SCHNEYDER

Die Ehe ist die Schule der Einsamkeit. Aber man lernt nicht genug in ihr.

ARTHUR SCHNITZLER

Eine glückliche, durch keine heiratsfähige Tochter getrübte Ehe ...

DANIEL SPITZER

Ehemann

Ehemänner sind wie Pferde: Erst wenn sie die Zügel spüren, schlagen sie über die Stränge.

LOUISE MARTINI

Man muß unterscheiden zwischen Ehemännern und verheirateten Junggesellen.

ERIKA PLUHAR

Ehepaar

Es ist schlimm, wenn zwei Ehepartner einander langweilen. Viel schlimmer jedoch ist es, wenn nur einer von ihnen den andern langweilt.

MARIE VON EBNER-ESCHENBACH

Die unglücklichsten Ehepaare: wenn er dumm ist und sie es einsieht.

ALEXANDER RODA RODA

Ehre

Die Ehre ist der Wurmfortsatz im seelischen Organismus. Ihre Funktion ist unbekannt, aber sie kann Entzündungen bewirken. Man soll sie getrost den Leuten abschneiden, die dazu inklinieren, sich beleidigt zu fühlen.

KARL KRAUS

Ehrgeiz

Es gibt doch nur eine wirkliche Gehirnkrankheit: Ehrgeiz.

PETER ALTENBERG

Der strebsame Mensch muß nichts fürchten, wenig glauben und alles hoffen.

JOHANN NEPOMUK NESTROY

Ehrlichkeit

Ehrlich währt am längsten. – Eine Lüge, die die Gauner ausgestreut haben, um die Überfüllung des Berufes zu verhindern.

ALEXANDER RODA RODA

Ein ehrliches Wort braucht seine Stunde und seinen Ort.

KARL HEINRICH WAGGERL

Eifersucht

Wenn wir eifersüchtig sind, entsteht gerade jene Spannung, die die Frau braucht, um den anderen interessant zu werden. Wie sollte sie also darauf verzichten können?

PETER ALTENBERG

Eifersucht

Eine Frau, die sich an Eifersuchtsqualen weidet, ist ärger als ein Fleischer, der absichtlich danebensticht, um die Qual des Opfers zu verlängern.

PETER ALTENBERG

Die Eifersucht ist keine Leidenschaft. Es ist eine Furcht. Die tiefste Furcht, die ewige des Lebens, die unentrinnbare organische Furcht, etwas zu verlieren, ohne das man nicht mehr lebendig sein kann.

PETER ALTENBERG

Man ist nie eifersüchtiger, als wenn man in der Liebe anfängt zu erkalten. Man traut dann der Geliebten nicht mehr, weil man dunkel fühlt, wie wenig einem selbst mehr zu trauen ist.

FRANZ GRILLPARZER

Er war so eifersüchtig, daß er die Qualen des Mannes empfand, den er betrog, und der Frau an die Gurgel fuhr.

KARL KRAUS

Eifersucht ist ein Hundegebell, das Diebe anlockt.

KARL KRAUS

Schon daß man eifersüchtig ist, ist Grund genug, es zu sein.

ANTON KUH

Eifersucht ist eine Leidenschaft, die das Leiden sucht, das neuen Eifer schafft.

ANTON KUH

Eigensinn

Die Willenskraft der Schwachen heißt Eigensinn.

MARIE VON EBNER-ESCHENBACH

Einbildung

Eingebildete Übel gehören zu den unheilbaren.

MARIE VON EBNER-ESCHENBACH

Einbildung

Wenn der Topf leer ist, tönt er.

KARL HEINRICH WAGGERL

Einfall

Steril ist der, dem nichts einfällt. Langweilig ist, wer ein paar alte Gedanken hat, die ihm alle Tage neu einfallen.

MARIE VON EBNER-ESCHENBACH

Einfälle sind keine Gedanken. Der Gedanke kennt die Schranken, der Einfall setzt sich darüber hinweg und kommt in der Ausführung nicht vom Fleck.

FRANZ GRILLPARZER

Ein guter Einfall ist wie ein Hahn am Morgen. Gleich krähen andere Hähne mit.

KARL HEINRICH WAGGERL

Einfluß

Von jedem Menschen gehen Strahlungen aus, die zunächst einmal seine nächste Umwelt beeinflussen.

FRIEDRICH HEER

Einsamkeit

Einsamkeit heißt, in der Zeitung zu stehen.

FALCO

In der Gesellschaft muß man nicht einsam sein wollen.

ERNST VON FEUCHTERSLEBEN

Die Einsamkeit wäre ein idealer Zustand, wenn man sich die Menschen aussuchen könnte, die man meidet.

KARL KRAUS

Ich fühle mich nie weniger einsam, als wenn ich allein bin.

JOHANN NEPOMUK NESTROY

Je größer die Einsamkeit, je lebhafter die Nähe Gottes.

PETER ROSEGGER

Einsamkeit

Einsamkeit ist die Belästigung durch sich selbst.

WERNER SCHNEYDER

Nur unter deinesgleichen hast du das Recht, dich einsam zu fühlen.

ARTHUR SCHNITZLER

Kein Gespenst überfällt uns in vielfältigeren Verkleidungen als die Einsamkeit; eine ihrer undurchschaubarsten Masken heißt Liebe.

ARTHUR SCHNITZLER

Krankheit und Einsamkeit sind verwandt.

OTTO WEININGER

Einsam sein heißt, sich selber ins Auge sehen können.

FRANZ WERFEL

Einzeln

Sei eine harmonische Einzelgestalt, und du bist eine Welt.

WILHELM FISCHER

Eisenbahn

Ursache eines Eisenbahnzusammenstoßes: Die Züge hatten ihre fahrplanmäßige Verspätung nicht eingehalten.

ANTON KUH

Eitelkeit

Es gibt nur ein einziges Laster, die Eitelkeit. Sie führt uns statt in die Welt zu uns selbst zurück. An den Anfang statt an das Ende.

PETER ALTENBERG

Selbst der bescheidenste Mensch hält mehr von sich, als sein bester Freund von ihm hält.

MARIE VON EBNER-ESCHENBACH

Wo die Eitelkeit anfängt, hört der Verstand auf.

MARIE VON EBNER-ESCHENBACH

Eitelkeit

Wo wäre die Macht der Frauen, wenn die Eitelkeit der Männer nicht wäre?

MARIE VON EBNER-ESCHENBACH

Ich kann mich so bald nicht von dem Eindruck befreien, den ich auf eine Frau gemacht habe.

KARL KRAUS

Die Frau braucht in Freud und Leid, außen und innen, in jeder Lage den Spiegel.

KARL KRAUS

Welch ein gefräßiges Tier ist doch die Eitelkeit! Sie nährt sich sowohl von Erfolg als auch von Mißerfolg.

ARTHUR SCHNITZLER

Wenn man die eitlen Tröpfe unter den Bekannten zählt, verzählt man sich immer um einen.

KARL HEINRICH WAGGERL

Eltern

Es gibt leider nicht sehr viele Eltern, deren Umgang für ihre Kinder wirklich ein Segen ist.

MARIE VON EBNER-ESCHENBACH

Eltern verzeihen ihren Kindern die Fehler am schwersten, die sie selbst ihnen anerzogen haben.

MARIE VON EBNER-ESCHENBACH

Es bleibt ein typischer psychologischer Fehler von Eltern, immer als die letzten zu bemerken, daß ihre Kinder längst schon geistig selbständig erwachsene Menschen sind.

STEFAN ZWEIG

Emanzipation

Als eine Frau lesen lernte, trat die Frauenfrage in die Welt.

MARIE VON EBNER-ESCHENBACH

Emanzipation

Wenn eine Frau die Erfolgsleiter Sprosse um Sprosse höhersteigt, schauen ihr alle unter den Rock.

WERNER SCHNEYDER

Was die emanzipierten Frauen anlangt: Nur der Mann in ihnen ist es, der sich emanzipieren will.

OTTO WEININGER

Empfang

Ein Empfang mit Frackzwang ist eine Versammlung von Pinguinen vor einem kalten Büfett.

KARL FARKAS

Engagement

Jeder Mensch, der sich für etwas engagiert, hat eine bessere Lebensqualität als andere, die nur so dahinvegetieren.

BRUNO KREISKY

Das schwere Leben ist am leichtesten zu ertragen, wenn man sich schwere Aufgaben stellt.

PETER ROSEGGER

Engherzigkeit

„Man kann nicht allen helfen", sagt der Engherzige – und hilft keinem.

MARIE VON EBNER-ESCHENBACH

Engländer

Der Sessel, auf dem ein Engländer sitzt, ist Großbritannien. Ringsumher die See – man sieht die Menschen am anderen Ufer nicht.

ANTON KUH

Enkel

Ob etwas tauglich ist, wissen erst die Enkel.

ROBERT NEUMANN

Entdeckung

Welcher Entdecker hat das schon bemessen, wie weit sich die äußeren Vorgebirge der Möglichkeit ins Meer der Unmöglichkeit hinein erstrecken?

JOHANN NEPOMUK NESTROY

Entfernen

Sich entfernen: Man muß manchmal von einem Menschen fortgehen, um ihn zu finden.

HEIMITO VON DODERER

Enthaltsamkeit

Enthaltsamkeit rächt sich immer. Bei dem einen erzeugt sie Pusteln, beim andern Sexualgesetze.

KARL KRAUS

Enthusiasmus

Enthusiasmus hat immer recht, selbst am falschen Ort.

HERMANN BAHR

Entrüstung

Moralische Entrüstung ist der Heiligenschein des Scheinheiligen.

HELMUT QUALTINGER

Entscheidung

Die letzte Entscheidung einer Frau ist oft entgegengesetzt derjenigen, der sie impulsiv folgt.

VICKI BAUM

Komisch, daß gerade Männer, die sich nicht entscheiden können, von vielen Frauen sehr begehrt werden.

KARLHEINZ HACKL

In zweifelhaften Fällen entscheide man sich für das Richtige.

KARL KRAUS

Der Schwache zweifelt vor der Entscheidung; der Starke hinterher.

KARL KRAUS

Enttäuschung

Unsere Zeit ist eine Zeit der Erfüllungen – und Erfüllungen sind immer Enttäuschungen.

ROBERT MUSIL

Erde

Die Erde ist ein Himmelskörper, auf dem viele ein höllisches Leben führen.

JOHANN NEPOMUK NESTROY

Erfahrung

Vieles erfahren haben, heißt noch nicht Erfahrung besitzen.

MARIE VON EBNER-ESCHENBACH

Erfahrungen sind der einzige wahre Reichtum, weil man ihn nicht verlieren, nur verschenken kann – und weil man ihn auch dann behält, wenn man ihn verschenkt.

HANS HABE

Erfahrungen sind die Jahresringe des Menschen.

PAUL HÖRBIGER

Man muß im Leben für seine Erfahrungen bezahlen. Wenn man Glück hat, bekommt man Rabatt.

OSKAR KOKOSCHKA

Erfahrungen sind Ersparnisse, die ein Geizhals beiseite legt, Weisheit ist eine Erbschaft, mit der ein Verschwender nicht fertig wird.

KARL KRAUS

Kaum ist die Ernte einer Erfahrung glücklich eingebracht, wird der Acker vom Schicksal neu umgepflügt.

JOHANN NEPOMUK NESTROY

Erfahrung verbessert unsere Einsicht, ohne unsere Absichten zu verändern.

ALFRED POLGAR

Erfahrung

Erfahrungen stehen wie Kreuze über Begrabenem. Je mehr deine Landschaft verkirchhoft, desto klüger wirst du.

ALFRED POLGAR

Erfahrungen wären nur dann von Wert, wenn man sie hätte, ehe man sie machen muß.

KARL HEINRICH WAGGERL

Erfindung

Kann man noch eine Erfindung machen, ohne sich davor zu fürchten?

ELIAS CANETTI

Erfolg

Eine Frau, die geliebt wird, hat immer Erfolg.

VICKI BAUM

Erfolg ist keiner der Namen Gottes.

MARTIN BUBER

Erfolg, das Rattengift des Menschen; ganz wenige kommen davon.

ELIAS CANETTI

Erfolg ist der Raum, den man in der Zeitung einnimmt. Erfolg ist die Unverschämtheit eines Tages.

ELIAS CANETTI

Was alle Erfolgreichen miteinander verbindet, ist die Fähigkeit, den Graben zwischen Entschluß und Ausführung äußerst schmal zu halten.

PETER DRUCKER

Der Ruhm der kleinen Leute heißt Erfolg.

MARIE VON EBNER-ESCHENBACH

Erfolg steigt erst dann zu Kopfe, wenn der dazu benötigte Hohlraum vorhanden ist.

KARL KRAUS

Manch einer verdankt seinen Erfolg den Ratschlägen, die er von andern nicht angenommen hat.

FERENC MOLNÁR

Der Erfolg eines Mannes bei einer Frau beginnt dann, wenn sie ihn bewundert, weil er drei große Stücke Torte zu essen vermag.

ROBERT MUSIL

Erfolg muß man langsam löffeln, sonst verschluckt man sich an ihm.

ERIKA PLUHAR

Wer etwas ist, hat alle gegen sich, die etwas werden wollen.

RICHARD SCHAUKAL

Nach einem unerbittlichen Naturgesetz fliegen dem Menschen die gebratenen Tauben nicht in den Mund.

DANIEL SPITZER

Der Weg zum Erfolg ist der Weg zum Philister.

KARL HEINRICH WAGGERL

Selbstbetrug und Mißgunst sind die Brennpunkte der gesellschaftlichen Ellipse, die wir in unserer Laufbahn immer wieder durcheilen.

FRANZ WERFEL

Ich glaube, daß Erfolg das Leben und den Charakter verdirbt.

STEFAN ZWEIG

Erinnerung

Auch die Erinnerung wird ranzig. Beeil dich!

ELIAS CANETTI

Erinnere dich der Vergessenen – eine Welt geht dir auf.

MARIE VON EBNER-ESCHENBACH

Wenn wir aufhören, lebhaft zu hoffen, fangen wir an, uns lebhaft zu erinnern.

MARIE VON EBNER-ESCHENBACH

Die Erinnerung gleicht einer Ziehharmonika, deren Enden sich zuweilen nähern, zuweilen voneinander entfernen.

HANS HABE

Für angenehme Erinnerungen muß man im voraus sorgen.

PAUL HÖRBIGER

Der ist erst ganz unglücklich, der die kahlen Wände seines Herzens nicht einmal mit Bildern der Erinnerung schmücken kann.

JOHANN NEPOMUK NESTROY

Es gibt zwei schöne Dinge auf der Welt: Erinnern und Vergessen. – Und zwei häßliche: Erinnern und Vergessen.

ALEXANDER RODA RODA

Erinnerungsfälschung, das ist die ohnmächtige Rache, die unser Gedächtnis an der Unwiderruflichkeit alles Geschehens nimmt.

ARTHUR SCHNITZLER

Wer zurückschaut, fällt.

KARL HEINRICH WAGGERL

Erinnerung

Erinnerung verbindet immer und zwiefach jede Erinnerung in Liebe.

STEFAN ZWEIG

Erkenntnis

Die Summe unserer Erkenntnisse besteht aus dem, was wir gelernt, und aus dem, was wir vergessen haben.

MARIE VON EBNER-ESCHENBACH

Es hat alles zwei Seiten. Aber erst wenn man erkennt, daß es drei sind, erfaßt man die Sache.

HEIMITO VON DODERER

Am Pfad der Erkenntnis steht der Zweifel als ein Wegweiser ohne Inschrift.

KARL HEINRICH WAGGERL

Erlebnis

Der Mensch ist begierig nach vorgestellten Erlebnissen, aber er weigert sich, seine gehabten Erlebnisse zu erkennen.

HUGO VON HOFMANNSTHAL

Das Menschenerlebnis ist etwas so grandios Herrliches, daß ich immer schwer von meinem Entzücken in die Wirklichkeit zurückfinden kann.

ALMA MAHLER-WERFEL

Erlösung

Nur durch sich selber wird der Mensch erlöst, durch sich und in sich.

KARL EMIL FRANZOS

Wer erlöst mich?

FRANZ KAFKA

Wenn auch keine Erlösung kommt, so will ich doch jeden Augenblick ihrer würdig sein.

FRANZ KAFKA

Ernst

Es gilt mir als maxime de vie, meinen Bedarf an ernster Lebensweisheit bei den großen Humanisten zu decken.

ALFRED POLGAR

Erotik

In der Erotik gilt diese Rangordnung: Der Täter. Der Zeuge. Der Wisser.

KARL KRAUS

Das erotische Vergnügen ist ein Hindernisrennen.

KARL KRAUS

Erotik verhält sich zur Sexualität wie Gewinn zu Verlust.

KARL KRAUS

Erotik ist Überwindung von Hindernissen. Das verlokkendste und populärste Hindernis ist die Moral.

KARL KRAUS

Das Unglück der Deutschen ist das, daß sie glauben, das Wort „Erotik" käme von „erröten".

ANTON KUH

In ihren Mundwinkeln lag ein Regiment Amoretten in Garnison.

DANIEL SPITZER

Erschaffung

Gott nahm vom Weib die Rippe, baute aus ihr den Mann, blies ihm den lebendigen Atem aus und machte aus ihm einen Erdenkloß.

KARL KRAUS

Erste Liebe

Erste Liebe nennt man ein Versprechen, das andere halten werden.

SENTA BERGER

Erwachsen

Als erwachsen darf gelten, wer auf sich selber nicht mehr hereinfällt.

HEIMITO VON DODERER

Erwartung

Es geschieht zu jeder Zeit etwas Unerwartetes; unter anderem ist auch deshalb das Leben so interessant.

MARIE VON EBNER-ESCHENBACH

Die Lebenserwartung wird immer größer, und was man vom Leben erwarten darf, immer kleiner.

HANS HABE

Erziehung

Im Grunde: Es wird uns ein fremder Hut aufgesetzt auf einen Kopf, den wir noch gar nicht haben.

HEIMITO VON DODERER

Eltern verzeihen ihren Kindern die Fehler am schwersten, die sie ihnen selbst anerzogen haben.

MARIE VON EBNER-ESCHENBACH

Kinder schauen mehr darauf, was die Eltern tun, als was sie sagen.

MARIE VON EBNER-ESCHENBACH

Das gibt sich, sagen schwache Eltern von den Fehlern ihrer Kinder. O nein, es gibt sich nicht, es entwickelt sich!

MARIE VON EBNER-ESCHENBACH

Das Leben erzieht die großen Menschen und läßt die kleinen laufen.

MARIE VON EBNER-ESCHENBACH

Gute Erziehung ist die Fähigkeit, verbergen zu können, wie viel wir von uns selber halten und wie wenig von unserem Gegenüber.

JOSEF MEINRAD

Erziehung

Nur die Liebe kann erziehen; darum muß die Mutter das meiste in der Erziehung tun, weil sie die meiste Liebe hat.

ADALBERT STIFTER

Erzieher

Erzieher müssen ein gutes Gedächtnis haben. Man versteht junge Menschen nur dann, wenn man seine eigene Jugend nicht vergessen hat.

VICKI BAUM

Essen

Hunger ist nicht nur der beste Koch, sondern auch der beste Arzt.

PETER ALTENBERG

Jeder müßte sich beim Essen zusehen.

ELIAS CANETTI

Nahrung ist eindrucksfähiger als Bildung, ein Magen bildsamer als ein Kopf.

KARL KRAUS

Die Sprache des Menüs ist wahrhaftig dazu da, um die Speisen zu verbergen.

DANIEL SPITZER

Existenz

Die beiden großen Mächte, die uns zwingen, unser Dasein auch unter widrigen Umständen fortzusetzen, sind die Hoffnung und die Neugierde.

EGON FRIEDELL

Das Dasein ist köstlich, man muß nur den Mut haben, sein eigenes Leben zu führen.

PETER ROSEGGER

Das Wesentliche an der Existenz des Menschen ist seine Fähigkeit, sich nicht anzupassen.

KARL HEINRICH WAGGERL

Experte

Die Spezialisten, die Experten mehren sich. Die Denker bleiben aus.

INGEBORG BACHMANN

Bei Experten muß man unterscheiden: Verstehen sie sich auf etwas oder verstehen sie etwas davon?

WERNER SCHNEYDER

Experten sind Leute, die andere daran hindern, den gesunden Menschenverstand zu gebrauchen.

JOHANNES MARIO SIMMEL

Explosion

Eine Erfindung, die noch fehlt: Explosionen rückgängig zu machen.

ELIAS CANETTI

Fad

Fad – das ist in Österreich der größte Vorwurf.

INGE SANTNER

Familie

In jeder Familie, die nicht die eigene ist, erstickt man. In der eigenen erstickt man auch, aber man merkt's nicht.

ELIAS CANETTI

Ganz aufgehen in der Familie heißt ganz untergehen.

MARIE VON EBNER-ESCHENBACH

In den meisten Fällen ist die Familie für ein junges Talent entweder ein Treibhaus oder ein Löschhorn.

MARIE VON EBNER-ESCHENBACH

Karl Kraus sagte: „Das Wort Familienbande hat einen Beigeschmack von Wahrheit." Heute hat das Wort Bande einen Beigeschmack von Familie.

FRIEDRICH HACKER

Heiraten, eine Familie gründen, alle Kinder, welche kommen, hinnehmen, in dieser unsicheren Welt erhalten und gar noch ein wenig zu führen, ist meiner Überzeugung nach das Äußerste, was einem Menschen überhaupt gelingen kann.

FRANZ KAFKA

Das Familienleben ist ein Eingriff in das Privatleben.

KARL KRAUS

Das Wort „Familienbande" hat einen Beigeschmack von Wahrheit.

KARL KRAUS

Der Grundton in der Harmonie der Häuslichkeit muß immer Kindergeschrei sein, sonst geht die wichtigste Stimme ab.

JOHANN NEPOMUK NESTROY

Familie

Alles, was im Staat und in der Menschheit gut ist, kommt von der Familie.

ADALBERT STIFTER

Die Familie ist es, die unseren Zeiten not tut.

ADALBERT STIFTER

Fanatismus

Geistlose kann man nicht begeistern, aber fanatisieren kann man sie.

MARIE VON EBNER-ESCHENBACH

Fanatismus ist die hochexplosive Mischung von Engstirnigkeit und Energie.

HERBERT VON KARAJAN

Es ist das Schicksal jedes Fanatismus, daß er sich selbst überspielt.

STEFAN ZWEIG

Fasching

Der Fasching ist die Zeit der Konfettischisten.

GEORG KREISLER

Faschismus

Faschismus: der Militarismus der Zivilisten.

ANTON KUH

Faul

Wer dauernd wie ein rohes Ei behandelt wird, muß mit der Zeit faul werden.

LORE KRAINER

Faust

Das ist die Schwierigkeit: die Rechte zur Faust zu ballen und trotzdem leserlich schreiben.

WERNER SCHNEYDER

Fehler

Ein Fehler, den man mit einem anderen Menschen teilt, verbindet tiefer als ein gemeinsamer Vorzug.

HERMANN BAHR

Fehler

Nichts ist unleidlicher, als sich selbst seine eigenen Fehler vorwerfen zu müssen.

LUDWIG VAN BEETHOVEN

In der Liebe ist ein Fehler, den man gemeinsam macht, manchmal das einzig Richtige.

SENTA BERGER

Viele Leute glauben, wenn sie einen Fehler erst eingestanden haben, brauchen sie ihn nicht mehr abzulegen.

MARIE VON EBNER-ESCHENBACH

Der sich gar zu leicht bereitfindet, seine Fehler einzusehen, ist selten der Besserung fähig.

MARIE VON EBNER-ESCHENBACH

Wir sind gegen keine Fehler an anderen toleranter, als welche die Karikatur unserer eigenen sind.

FRANZ GRILLPARZER

Toleranz heißt: die Fehler der andern entschuldigen. Takt heißt: sie nicht bemerken.

ARTHUR SCHNITZLER

Ich glaube, jeder Mensch hat einen großen Lebensfehler, der ihn abhält, sein Wesen zur möglichen Vollendung zu bringen.

ARTHUR SCHNITZLER

Schlage Geld aus jedem Fehler!

LUDWIG WITTGENSTEIN

Feierlichkeit

Feierlichkeit nennt man jenen Nebel, welchen die Dummheit erzeugt, wenn sie in die Enge getrieben wird.

HEIMITO VON DODERER

Feigheit

Feig, wirklich feig ist nur, wer sich vor seinen Erinnerungen fürchtet.

ELIAS CANETTI

Feind

Eine gescheite Frau hat Millionen geborener Feinde – alle dummen Männer.

MARIE VON EBNER-ESCHENBACH

Vom wahren Gegner fährt grenzenloser Mut in dich.

FRANZ KAFKA

Man kann sich keine Feinde machen. Sie sind immer schon da.

WERNER SCHNEYDER

Wer deine bittersten Feinde sind? Unbekannte, die ahnen, wie sehr du sie verachten würdest, wenn du sie kenntest.

ARTHUR SCHNITZLER

Wenn wir gerecht gegen unsere Feinde sind, so ist das meistens ein Beweis, daß sie nicht die Stelle getroffen haben, wo wir verwundbar sind.

DANIEL SPITZER

Mache dir niemanden zum Feind, wenn er nicht würdig wäre, dein Freund zu sein.

KARL HEINRICH WAGGERL

Ferne

So mancher mag in deiner süßen Nähe begeistert sein – mich aber macht erst liebeskrank die Ferne.

PETER ALTENBERG

Flirts aus der Ferne sind dasselbe wie Sachertorten aus dem Bilderbuch.

KARL FARKAS

Fernsehen

In den modernen Wohnungen muß noch manches besser werden. Zum Beispiel kann man zwar hören, was für ein Fernsehprogramm der Nachbar eingestellt hat, aber man sieht es noch nicht.

KARL FARKAS

Fernsehen in Gesellschaft ist das Teamwork der Wortlosen.

LOUISE MARTINI

Ich bewundere die Selbstverständlichkeit, mit der sich gewisse Fernsehsender zwar für ihre Störungen, nicht aber für ihre Programme entschuldigen.

OTTO PREMINGER

Ich plädiere dafür, daß eine gewisse journalistische Begabung künftig auch für Fernsehredakteure kein allzu hohes Berufshindernis mehr darstellen sollte.

WERNER SCHNEYDER

Fernseher sind nicht so dumm, abzudrehen; sie sind so klug, schlechtzufinden.

WERNER SCHNEYDER

Der Bildschirm ist das Präservativ der Realität.

WERNER SCHNEYDER

Ich warne Sie, das gestrige Programm gesehen zu haben.

WERNER SCHNEYDER

Was die meisten Fernseh-Zuschauer übersehen: daß Ansagerinnen oft aus Schadenfreude lächeln.

WERNER SCHNEYDER

Fernsehen

Es gehört zu den ungeschriebenen Gesetzen unseres Senders, daß man sich bei den Zuschauern für allfällige Störungen im Programm entschuldigt.

HELMUT THOMA

Der mündige Bürger kann doch wirklich selber entscheiden, welche Fernsehsendungen er ein- und welche er ausschaltet.

HELMUT THOMA

Die Leute vom Fernsehen haben schlechte Manieren. Man wird heute angerufen von der Television wie ein Callgirl.

OSKAR WERNER

Fetischismus

Es gibt kein unglücklicheres Wesen unter der Sonne als einen Fetischisten, der sich nach einem Frauenschuh sehnt und mit einem ganzen Weib vorlieb nehmen muß.

KARL KRAUS

Feuer

Das Feuer ist mehr als das Wort.

FRANZ THEODOR CSOKOR

Große Feuer leuchten weit, aber die kleinen wärmen.

KARL HEINRICH WAGGERL

Feuerlöscher

Manche Frauen sind nur deshalb nicht Feuer und Flamme, weil sie mit einem Feuerlöscher verheiratet sind.

SENTA BERGER

Feuilleton

Ein Feuilleton schreiben heißt auf einer Glatze Locken drehen.

KARL KRAUS

Feuilleton: die Unsterblichkeit eines Tages.

LUDWIG SPEIDEL

Feuilletonist

Feuilletonisten und Friseure haben gleich viel mit den Köpfen zu schaffen.

KARL KRAUS

Finden

Wer sucht, findet nicht, aber wer nicht sucht, wird gefunden.

FRANZ KAFKA

Fliege

Es gibt Leute, die keiner Fliege etwas zuleide tun, weil sie nicht imstande sind, eine zu fangen.

HELMUT QUALTINGER

Fliegen

Die Männer, auf die die Frauen fliegen, sind nicht dieselben, bei denen sie landen.

SENTA BERGER

Flirt

Flirt ist die Kunst, mit einem blauen Auge davonzukommen, wenn man mit zwei blauen Augen zusammen gewesen ist.

WOLF ALBACH-RETTY

Flirt ist Training mit dem Unrichtigen für den Richtigen.

SENTA BERGER

Flirt ist ein Versuch, gleichzeitig Feuer zu fangen und zu löschen.

SENTA BERGER

Wer flirtet, probt den Abstand.

SENTA BERGER

Wenn der Neigungswinkel beim Flirten zu groß wird, ist es mehr als ein Flirt.

SENTA BERGER

Flirt

Flirten im Urlaub ist annähernd so ungefährlich wie Bergsteigen ohne Kletterschuhe und Seil.

HELMUT LOHNER

Flirten ist für Frauen ein Trockenkurs der Liebe.

KARL FARKAS

Flirts aus der Ferne sind wie Sachertorten aus einem Bilderbuch.

KARL FARKAS

Fluch

Der Fluch ist das Gebet des Teufels.

HANS LOHBERGER

Form

Wer die Form zerstört, beschädigt auch den Inhalt.

HERBERT VON KARAJAN

Forschung

Die beste Morgengymnastik für einen Forscher ist es, jeden Tag vor dem Frühstück eine Lieblingshypothese über Bord zu werfen.

KONRAD LORENZ

Forschung ist zwar nicht eine Sache der bloßen Gesinnungstüchtigkeit, aber eine durch und durch sittliche Angelegenheit.

OTHMAR SPANN

Fortgehen

Man muß manchmal von einem Menschen fortgehen, um ihn zu finden.

HEIMITO VON DODERER

Fortschritt

Man muß die Neuerungen überhaupt nur einführen, wenn sie notwendig oder von unwesentlichem Nutzen sind, sonst hat das Bestehende das Vorrecht des Natürlichen.

FRANZ GRILLPARZER

Fortschritt

Wie groß sind die Fortschritte der Menschheit, wenn wir auf den Punkt sehen, von dem sie ausging; und wie klein, betrachten wir den Punkt, wo sie hin will.

FRANZ GRILLPARZER

An Fortschritt glauben heißt, nicht glauben, daß ein Fortschritt schon geschehen ist. Das wäre kein Glauben.

FRANZ KAFKA

Fortschritt bedeutet, daß wir immer mehr wissen und immer weniger davon haben.

JOSEF MEINRAD

Überhaupt hat der Fortschritt das an sich, daß er viel größer ausschaut, als er wirklich ist.

JOHANN NEPOMUK NESTROY

Die Welt ist überhaupt nur dadurch weitergekommen, daß irgend jemand die Courage gehabt hat, an Dinge zu rühren, von denen die Leute, in deren Interesse das lag, durch Jahrhunderte behauptet haben, daß man nicht an ihnen rühren darf.

ARTHUR SCHNITZLER

Noch ein wenig Fortschritt, dann wird die fühllose Natur das einzig beseelte Wesen auf unserem Planeten sein.

KARL HEINRICH WAGGERL

Frage

Die Frage ist falsch gestellt, wenn wir nach dem Sinn unseres Lebens fragen. Das Leben ist es, das Fragen stellt; wir sind die Befragten, die zu antworten haben.

VIKTOR E. FRANKL

Frau

Die Frau wird das, was wir von ihr glauben.

PETER ALTENBERG

Eine vollkommen schöne Frau als ein „lebendiges Kunstwerk Gottes" erfassen können, ist der Gipfelpunkt künstlerischer Entwicklung im Manne.

PETER ALTENBERG

An der Frau erlebt man nicht nur die Enttäuschungen, die sie uns bereitet, sondern auch jene, die wir ihr bereiten.

PETER ALTENBERG

Im Augenblick, da man eine Frau „sein eigen" nennt, ist sie es schon nicht.

PETER ALTENBERG

Eine angezogene Frau hasse ich wegen ihrer Kompliziertheit und eine ausgezogene wegen ihrer Primitivheit.

PETER ALTENBERG

Für eine Frau kann ein einziger bewundernder liebevoller und zugleich respektvoller Blick eine Regenerationskur bedeuten.

PETER ALTENBERG

Frauen nehmen uns drei Viertel unserer Lebensenergien weg. Wenn wir sie aber nicht hätten, hätten wir überhaupt keine Lebensenergien.

PETER ALTENBERG

Eine kultivierte Frau sein, heißt ganz einfach, die Milliarde unserer Lebensenergie noch um eine Milliarde vermehren.

PETER ALTENBERG

Genieße erst eine Frau, bis dich die Sehnsucht nach ihr verzehrt!

PETER ALTENBERG

Frau

Die Frau betäubt den Mann angenehm, so daß er es gar nicht merkt, daß er kein Genie ist.

PETER ALTENBERG

Auf Gesichtspunkte einer Frau sollte man nicht viel geben, ausgenommen natürlich Sommersprossen.

FRANZ ANTEL

Mitleid ist das tödlichste Gefühl, das man einer Frau anbieten kann.

VICKI BAUM

Eine Frau, die geliebt wird, hat immer Erfolg.

VICKI BAUM

Die Männer, auf die die Frauen fliegen, sind nicht dieselben, bei denen sie landen.

SENTA BERGER

Der Mann schließt von einer Frau auf alle. Die Frau schließt von allen Männern auf einen.

SENTA BERGER

Eine zugeknöpfte Frau ist interessanter als eine reißverschlossene. Man sollte den Männern wieder Gelegenheit zum Aufknöpfen geben.

SENTA BERGER

Unter allen Berufen ist der der anständigen Frau der schwierigste. Du mußt ihn dir erleichtern.

FRANZ BLEI

Eine Frau verzeiht alles – aber sie erinnert uns oft daran, daß sie uns verziehen hat.

KARLHEINZ BÖHM

Jede intelligente Frau hat Millionen von Feinden: alle dummen Männer.

MARIE VON EBNER-ESCHENBACH

Das ist eine arme Frau, die nichts mehr zu geben hat, wenn sie sich hingegeben hat.

MARIE VON EBNER-ESCHENBACH

Wo wäre die Macht der Frauen, wenn die Eitelkeit der Männer nicht wäre?

MARIE VON EBNER-ESCHENBACH

Alle Frauen am Steuer sind besser als ihr Ruf, das ist kein Kunststück.

KARL FARKAS

Die Frauen verlangen Unmögliches: Man soll ihr Alter vergessen, aber sich immer an ihren Geburtstag erinnern.

KARL FARKAS

Die Frauen sind wie Apfelstrudelteig: Erst wenn sie ausgezogen sind, kann man sie durchschauen.

KARL FARKAS

Man kann den Frauen manches nachsagen, aber vorzusagen braucht ihnen niemand etwas.

KARL FARKAS

Frauen können jedes Geheimnis bewahren, wenn sie nicht wissen, daß es eines ist.

KARL FARKAS

Frauen sind wie Krawatten: Man wählt sie meistens bei schlechter Beleuchtung, und dann hat man sie am Hals.

KARL FARKAS

Nicht alle, die heute eine Hose tragen, sind eine Frau.

KARL FARKAS

Sind die Frauen tief? Daß man einem Wasser nicht auf den Grund blicken kann, beweist noch nicht, daß es tief ist.

EGON FRIEDELL

Nur häßliche Frauen sind erziehungsfähig; und bei denen hat es keinen Zweck.

EGON FRIEDELL

Die Frauen sind keine Menschen. Das macht sie so anziehend.

EGON FRIEDELL

Man kann den Frauen nur mit zweierlei ein wirkliches Vergnügen machen: mit Geld und mit schlechter Behandlung.

EGON FRIEDELL

Immer empfinde ich die Frauen als verkleidete Menschen.

ALBERT PARIS GÜTERSLOH

Das Weib ist der Mensch auf Urlaub.

ALBERT PARIS GÜTERSLOH

Warum ist uns das Weib so nötig wie rätselhaft? Weil es der falsche Schlüssel ist zu einem Tor und es dennoch öffnet.

ALBERT PARIS GÜTERSLOH

Die moderne Frau hat es fertiggebracht, den Zeitpunkt ihrer Überflüssigkeit ins Teenageralter vorzuverlegen.

HANS HABE

Kein Mann ist so stark wie eine hilflose Frau, die ihre Schwäche zu erkennen gibt.

HANS HOLT

Eine Frau muß geheimnisvoll bleiben, sie muß undurchschaubar sein. Heute sind die meisten Frauen keine Rätsel mehr, nur noch Auflösungen.

OSKAR KOKOSCHKA

Mit Frauen führe ich gern einen Monolog. Aber die Zwiesprache mit mir selbst ist anregender.

KARL KRAUS

Es gibt Frauen, die nicht schön sind, sondern nur so aussehen.

KARL KRAUS

Die Frau ist da, damit der Mann durch sie klug werde.

KARL KRAUS

Ein Weib ist manchmal ein ganz brauchbares Surrogat für die Selbstbefriedigung. Freilich gehört ein Übermaß von Phantasie dazu.

KARL KRAUS

Man kann eine Frau nicht hoch genug überschätzen.

KARL KRAUS

Viele Frauen möchten mit Männern träumen, ohne mit ihnen zu schlafen. Man mache sie auf das Unmögliche dieses Vorhabens nachdrücklich aufmerksam.

KARL KRAUS

Mancher rächt an einer Frau durch Gemeinheit, was er durch Torheit an ihr gesündigt hat.

KARL KRAUS

Es ist nicht wahr, daß man ohne eine Frau nicht leben kann. Man kann bloß ohne eine Frau nicht gelebt haben.

KARL KRAUS

Ich stehe immer unter dem starken Eindruck dessen, was ich von einer Frau denke.

KARL KRAUS

Die Frauen sind die besten, mit denen man am wenigsten spricht.

KARL KRAUS

Wenn's einem kein Vergnügen macht, eine Frau zu beschenken, unterlasse man es. Es gibt Frauen, gegen die ein Danaidenfaß die reinste Sparbüchse ist.

KARL KRAUS

Eine Frau, die gern Männer hat, hat nur einen Mann gern.

KARL KRAUS

Frauen sind nie, wie sie sind; sie sind immer nur, wie man sie sieht. Und man sieht sie stets nur so, daß man sich selber dabei gefällt.

ALEXANDER LERNET-HOLENIA

Ich weiß, daß der Mann in der Welt draußen das Pfauenrad zu schlagen hat, während er sich zu Hause „ausruhen" will. Das ist das Los der Frau. Aber nicht das meine!

ALMA MAHLER-WERFEL

Eine Frau wird neben einem bedeutenden Künstler immer zu kurz kommen.

ALMA MAHLER-WERFEL

Man wird erst wissen, was die Frauen sind, wenn ihnen nicht mehr vorgeschrieben wird, was sie sein sollen.

ROSA MAYREDER

Wer die Frauen kennen will, muß die Männer studieren.

FERENC MOLNÁR

Ein junger Mensch wird von einer schönen fünfzigjährigen Frau niemals sagen, die breiten ruhigen Formen und das Filigran des Faltenwerkes dieser ehrwürdigen Kathedrale seien schön, sondern er wird flüchtig feststellen, sie sei alt.

ROBERT MUSIL

Wenn eine Frau mehr innere Werte hat als äußere, dann sollte man sie wenden lassen.

MAX PALLENBERG

Manche klavierspielende Frau wäre ein Engel, wenn sie daheim keinen Flügel hätte.

MAX PALLENBERG

Die Frauen schlucken die bittere Pille.

WERNER SCHNEYDER

Eine Frau holt gerne den Rat ihres Mannes ein, schon deshalb, um ihn nicht zu befolgen.

ARTHUR SCHNITZLER

Cherchez la femme! – sagte ich mir.

DANIEL SPITZER

Die Frauen bleiben immer dieselben, sie sind immer veränderlich.

DANIEL SPITZER

Frau

Frauen mögen es nicht immer gern, daß man nein versteht, wenn sie nein gesagt haben.

KARL HEINRICH WAGGERL

Frauenkenner

Wenn ein Frauenkenner sich verliebt, so gleicht er dem Arzt, der sich am Krankenbett infiziert. Berufsrisiko.

KARL KRAUS

Freiheit

Die glücklichsten Sklaven sind die erbittertsten Feinde der Freiheit.

MARIE VON EBNER-ESCHENBACH

Freiheit ist Verantwortlichkeit.

MARIE VON EBNER-ESCHENBACH

So weit deine Selbstbeherrschung geht, so weit geht deine Freiheit.

MARIE VON EBNER-ESCHENBACH

Die individuelle Freiheit ist kein Kulturgut. Sie war am größten vor jeder Kultur.

SIGMUND FREUD

Wer seine Schranke kennt, der ist der Freie; wer sich frei wähnt, ist seines Wahnes Knecht.

FRANZ GRILLPARZER

Um unsere Freiheit ist es sehr traurig bestellt. Wahrscheinlich hat es sie nie anderswo als auf dem Papier gegeben.

MARLEN HAUSHOFER

Freiheit ist ein Kaugummibegriff geworden: An jedem Schlagbaum versteht man etwas anderes darunter.

OSKAR KOKOSCHKA

Freiheit

Nur auf dem Begriff von „Ordnung" kann jener der „Freiheit" ruhen.

CLEMENS FÜRST METTERNICH

Sie geben mir Brot, deswegen haben sie noch kein Recht, mein Fleisch und Blut zu begehren.

JOHANN NEPOMUK NESTROY

Die Freiheit, aus der eine Frau den höchsten Gewinn schöpft, ist jene, die sie einem anderen nimmt.

ALFRED POLGAR

Freiheit ist ein Zwang, den wir als Zwang nicht erkennen.

KARL HEINRICH WAGGERL

Die Freiheit der einen ist immer die Unfreiheit anderer.

FRANZ WERFEL

Kunst wie Kultur können nicht gedeihen ohne Freiheit.

STEFAN ZWEIG

Freizeit

Den Wert eines Menschen erkennt man zuverlässig daran, was er mit seiner Freizeit anzufangen weiß.

KARL HEINRICH WAGGERL

Fremde

Fremd und böse sind für mich immer noch ein und dasselbe.

MARLEN HAUSHOFER

Der in Österreich übliche touristische Mechanismus von Anpassung und Verachtung gilt nur für zahlende Fremde. Wer ein Fremder ist, den trifft nur die Verachtung. Die Fremden, die uns nichts bezahlen können, die uns aber etwas geben können, wohnen gleich um die Ecke.

PETER TURRINI

Fremdwort

Ein Fremdwort ist wie ein unscharfes Foto.

KARL HEINRICH WAGGERL

Freude

Wenn wir an Freuden denken, die wir erlebt haben oder noch zu erleben hoffen, denken wir sie uns immer ungetrübt.

MARIE VON EBNER-ESCHENBACH

Man muß oft erst nachdenken, worüber man sich freut; aber man weiß immer, worüber man traurig ist.

KARL KRAUS

Ich bin nicht auf die Welt gekommen, um das Leben zu genießen, sondern um anderen Menschen Freude zu bereiten.

FRANZ LEHÁR

Innere Freude und Genugtuung sind süßer und beständiger als alle lärmenden Vergnügungen dieser Welt, die müde machen und nichts als eine schreckliche Leere zurücklassen.

KAISERIN MARIA THERESIA

Die Freude ist ein Handelshaus, sie muß wechseln, denn im Wechsel liegt Freude.

FERDINAND RAIMUND

Wenn man froh ist, muß man nicht fragen, warum. Die Freude ist ein Dieb, der vergnügliche Stunden stiehlt. Ruft man sie an, läuft sie davon.

FERDINAND RAIMUND

Was es auch Großes und Unsterbliches zu erleben gibt: den Mitmenschen Freude zu machen, ist doch das Beste, was man auf der Welt tun kann.

PETER ROSEGGER

Freude

Schmerz schärft den Verstand und stärkt das Gemüt; dahingegen Freude sich um jenen selten bekümmert und dieses verweichlicht oder frivol macht.

FRANZ SCHUBERT

Freundschaft

Ich habe eine Freundin, die immer eine Ausrede hat, um *dazubleiben*; und eine, die immer eine Ausrede hat, um *nicht* dazubleiben. Jetzt denke ich in einem fort nach, welche mich weniger stört.

PETER ALTENBERG

Ein gewisses Maß an Unkenntnis vom anderen ist die Voraussetzung dafür, daß zwei Menschen Freunde bleiben.

HERMANN BAHR

Wahre Freundschaft kann nur beruhen auf der Verbindung ähnlicher Naturen.

LUDWIG VAN BEETHOVEN

Es gibt wenig aufrichtige Freunde – die Nachfrage ist auch gering.

MARIE VON EBNER-ESCHENBACH

Wirklich gute Freunde sind Menschen, die uns genau kennen und trotzdem zu uns halten.

MARIE VON EBNER-ESCHENBACH

Ein wahrer Freund trägt mehr zu unserem Glück bei als tausend Feinde zu unserem Unglück.

MARIE VON EBNER-ESCHENBACH

Die guten Freunde sind da, um uns zu sagen, was unsere Feinde von uns denken.

MARIE VON EBNER-ESCHENBACH

Freundschaft

Wer von seinem Freunde nicht Offenheit ertragen will, wird sie einmal, ausgedrückt in Worten des Hasses, von seinem Feind ertragen müssen.

OTTO VON LEIXNER

Zusammen lachen können ist nicht nur eine Voraussetzung für wahre Freundschaft, sondern beinahe schon ein erster Schritt zu ihrer Entstehung.

KONRAD LORENZ

Freundschaft ist die Fähigkeit, einen Menschen trotz seiner allmählich erkannten Fehler und schlechten Eigenschaften lieb zu behalten.

FRANZ NABL

Freunde sind gut, vorausgesetzt, daß man sie nicht nötig hat.

ALEXANDER RODA RODA

Freundschaft ist, wenn dich einer für gutes Schwimmen lobt, nachdem du beim Segeln gekentert bist.

WERNER SCHNEYDER

Seine Feinde muß man nehmen, wie und wo man sie findet; meine Freunde kann ich mir aussuchen – glücklicherweise.

ARTHUR SCHNITZLER

Ein wirklicher und aufrichtiger Freund ist das größte Gut des Herzens, das ein Mann auf dieser Erde haben kann. Die Freundschaft schließt erst völlig den Ring des Glücks.

ADALBERT STIFTER

Frieden

Frieden kannst du nur haben, wenn du ihn gibst.

MARIE VON EBNER-ESCHENBACH

Frieden

Der Friede vermag alles, der Krieg nichts.

BRUNO KREISKY

Alle pazifistischen Ideale sind nach einer kleinen Weile zu verdächtiger Sentimentalität verurteilt, weil angesichts des natürlichen Todes der Kampf gegen den unnatürlichen Tod immer wieder sein Pathos verliert.

FRANZ WERFEL

Stark müssen die Sanftmütigen sein, und die den Frieden wollen, stehen im ewigen Streit.

STEFAN ZWEIG

Einer muß den Frieden beginnen, wie einer den Krieg.

STEFAN ZWEIG

Friseur

Ein Friseur ist ein Mann, der den Frauen ermöglicht, immer neue Farben zu bekennen.

KARL FARKAS

Friseurgespräche sind der unwiderlegliche Beweis dafür, daß die Köpfe der Haare wegen da sein.

KARL KRAUS

Frohsinn

Ein guter Gedanke macht froh, erst recht eine gute Tat.

PETER ROSEGGER

Frühling

Frühling ist die Zeit, in der auch die Männer an das zu denken beginnen, woran die Frauen immer gedacht haben.

WILLY FORST

Alle Mädchen erwarten wen, wenn die Bäume in Blüten stehn.

RAINER MARIA RILKE

Führung

Schade, daß die meisten sofort aufhören zu rudern, wenn sie ans Ruder gekommen sind.

ALFRED POLGAR

Man ist so loyal geworden gegen die Herrschenden, daß man es nicht gerne sieht, wenn die herrschenden Übelstände angegriffen werden.

DANIEL SPITZER

Man kann die Menschen nicht zum Guten führen; man kann sie nur irgendwohin führen. Das Gute liegt außerhalb des Tatsachenraums.

LUDWIG WITTGENSTEIN

Wer Schicksale formt, fällt in Schuld.

STEFAN ZWEIG

Furcht

Ich habe mich nie nachts im Wald gefürchtet, während ich in der Stadt immer ängstlich war.

MARLEN HAUSHOFER

Das höchste Ziel des Menschen ist die Überwindung der Furcht. Es gibt nur einen Weg dazu: Übung im Ertragen von Mühe und Schmerz.

FRANZ WERFEL

Futurologe

Futurologen sind Leute, die einen Rückblick auf das Jahr 2000 machen.

HELMUT QUALTINGER

Garten

Unkraut ist die Opposition gegen die Regierung der Gärtner.

OSKAR KOKOSCHKA

Gast

Wenn die Gäst' wüßten, wie z'wider sie einem oft sind, es ließ' sich gar kein Mensch mehr einladen auf der Welt.

JOHANN NEPOMUK NESTROY

Gebet

Kürzer sind die Gebete im Bett. Aber inniger.

RAINER MARIA RILKE

Geburt

Die Vorstellung, daß einem das Leben geschenkt worden ist, erscheint mir ungeheuerlich.

ELIAS CANETTI

So wie wir geboren werden, werden wir auch gestorben.

KARL HEINRICH WAGGERL

Geburtstag

Wenn ein Mann den Geburtstag seiner Frau nicht beachtet, hat er nicht gemerkt, daß sie um ein Jahr älter geworden ist. Gibt es ein schöneres Kompliment?

JOSEF MEINRAD

Gedächtnis

Das Gedächtnis ist ein Verräter.

RICHARD VON SCHAUKAL

Unser Gedächtnis ist keineswegs eine bürokratisch wohlgeordnete Registratur.

STEFAN ZWEIG

Gedanke

Gedanken sind keine Spielereien wie Schach, Tarock, Dartel, sondern es sind Notwendigkeiten.

PETER ALTENBERG

Mancher Aphorismus ist das Grabmal eines frühzeitig verstorbenen großen Gedankens.

HERMANN BAHR

Gedanke

Jeder zu früh klar gefaßte Gedanke zersetzt wie ein scharfkantiger Fremdkörper den schöpferischen Erfluß in uns und ist für den Schritt des Geistes nichts als ein Steinchen im Schuh.

HEIMITO VON DODERER

Ein Gedanke kann nicht erwachen, ohne andere zu wecken.

MARIE VON EBNER-ESCHENBACH

Gedanken, die schockweise kommen, sind Gesindel. Gute Gedanken erscheinen in kleiner Gesellschaft. Ein göttlicher Gedanke kommt allein.

MARIE VON EBNER-ESCHENBACH

Jeder wahre Gedanke trägt das Universum in sich, und keiner spricht es aus.

ERNST VON FEUCHTERSLEBEN

Nicht der Gedanke wird bestraft, die Tat.

FRANZ GRILLPARZER

Gedanken sind zollfrei. Aber man hat doch Scherereien.

KARL KRAUS

Weil ich den Gedanken beim Wort nehme, kommt er.

KARL KRAUS

Man glaubt gar nicht, wie schwer es oft ist, eine Tat in einen Gedanken umzusetzen.

KARL KRAUS

Unsere besten Gedanken denken sich selbst.

ADOLF PICHLER

Gedanken sind zollfrei – solang man sie nicht ausführt.

ALEXANDER RODA RODA

Gedanke

Ist ein falscher Gedanke nur einmal kühn und klar ausgedrückt, so ist damit schon viel gewonnen.

LUDWIG WITTGENSTEIN

Auch Gedanken fallen manchmal unreif vom Baum.

LUDWIG WITTGENSTEIN

Niemand kann einen Gedanken für mich denken, wie mir niemand als ich den Hut aufsetzen kann.

LUDWIG WITTGENSTEIN

Gedanken leben ebenso von der Bestätigung wie vom Widerspruch.

STEFAN ZWEIG

Geduld

Die Männer haben keine Geduld. Deswegen haben sie ja auch den Reißverschluß erfunden.

SENTA BERGER

Geduld ist die Kunst zu hoffen.

TILLA DURIEUX

Wer Geduld sagt, sagt Mut, Ausdauer, Kraft.

MARIE VON EBNER-ESCHENBACH

Gefahr

Die größte Gefahr im Leben ist, daß man zu vorsichtig wird.

ALFRED ADLER

Es ist doch gut, sich vor der Gefahr zu fürchten; das erspart wie oft die Furcht in der Gefahr.

MARIE VON EBNER-ESCHENBACH

Gefallen

Die Mädchen dieser Welt lassen sich in zwei Gruppen einteilen: in solche, die gefallen sind, und in solche, die nie gefallen haben.

KARL KRAUS

Geflügelte Worte

Viele Worte sind lange zu Fuß gegangen, ehe sie geflügelte Worte wurden.

MARIE VON EBNER-ESCHENBACH

Gefühl

Gefühl braucht Opposition. Wenn man schon aus Liebe heiratet, sollten wenigstens die Eltern dagegen sein.

HERMANN BAHR

Nicht was wir erleben, sondern wie wir empfinden, was wir erleben, macht unser Schicksal aus.

MARIE VON EBNER-ESCHENBACH

Gefühl ist eine Unart, die man sich nicht abgewöhnt.

RICHARD SCHAUKAL

Sentimentalität ist unterm Preis erhandeltes Gefühl.

ARTHUR SCHNITZLER

Das Gefühl der Autorität ist gut für die Gesundheit. Generäle und Generalmusikdirektoren haben selten Magengeschwüre.

JOSEPH WECHSBERG

Gegensatz

Wie sich die Gegensätze gleichen.

ALFRED POLGAR

Die Welt hat sich auf die Begriffe Rechts und Links versteift und dabei vergessen, daß es auch ein Oben und Unten gibt.

FRANZ WERFEL

Gegenwart

Die Gegenwart genießen nur die Kinder.

RICHARD VON SCHAUKAL

Gegenwart

In bewegten Zeiten ist das Gegenwärtige immer nur vorläufig.

FRANZ WERFEL

Gegner

Den Gegner mit dem Vorsatze, ihn zu widerlegen, anzuhören, ist falsch, eine solche Unterredung läuft auf Selbstbetrug hinaus. Man muß den Gegner mit innerem Schweigen anhören.

OTHMAR SPANN

Geheimnis

Wer die Geheimnisse des Bettes verrät, verdient die Liebe nicht.

INGEBORG BACHMANN

Viele Geheimnisse des Mannes kennt die Frau aus Instinkt, und die anderen, die noch bleiben, entlockt sie ihm in den schwachen Stunden, die nur der Mann hat und welche die starken Stunden der Frau sind.

FRANZ BLEI

Wenn alberne Leute sich bemühen, ein Geheimnis vor uns zu verbergen, dann erfahren wir es gewiß, so wenig uns auch danach gelüstet.

MARIE VON EBNER-ESCHENBACH

Frauen können jedes Geheimnis bewahren, wenn sie nicht wissen, daß es eines ist.

KARL FARKAS

Mit etwas Anstrengung läßt sich alles auf dieser Welt geheimhalten – ausgenommen Knoblauch.

ALEXANDER RODA RODA

Seltsam: wir haben alle die gleichen Geheimnisse, und dennoch wissen wir nichts voneinander. Ein anderer Mensch, das ist wie ein anderer Stern.

KARL HEINRICH WAGGERL

Geheimnis

Wir haben alle die gleichen Geheimnisse – und doch Geheimnisse.

KARL HEINRICH WAGGERL

Gehenlassen

Leute, die sich gehenlassen, sollte man lieber laufen lassen.

LORE KRAINER

Gehorsam

Gehorsam ist, was eine Frau bei der Eheschließung dem Mann verspricht und was sie dann von ihm verlangt.

KARL FARKAS

Geist

Der Maßstab, den wir an die Dinge legen, ist das Maß unseres eigenen Geistes.

MARIE VON EBNER-ESCHENBACH

Wenn schon eine Rangordnung im Reiche des Geistes stattfinden soll, so mag die Phantasie die niedrigste, der Wille die mittlere, die Vernunft die höchste Stelle einnehmen.

ERNST VON FEUCHTERSLEBEN

Geist ist überwundene Wirklichkeit.

HUGO VON HOFMANNSTHAL

Der Geist wird erst frei, wenn er aufhört, Halt zu sein.

FRANZ KAFKA

Was den meisten Menschen abgeht und was ihnen unfehlbar helfen könnte, ist die Möglichkeit, geistige Bewegung zu machen.

KARL KRAUS

Der geistige Mensch hat ein durchlüftetes Gehirn, der intellektuelle ein ungewaschenes.

ANTON KUH

Geist

Was ist Geist? Die Luftlinie vom Gehirn zur Sache.

ANTON KUH

Das Geheimnis allen geistigen Schaffens ist die Sammlung.

OTHMAR SPANN

Wo hat das Geistige noch eine Stätte, wenn der Fanatismus die Herzen aufpeitscht?

STEFAN ZWEIG

Geistlos

Geistlose kann man nicht begeistern, aber fanatisieren kann man sie.

MARIE VON EBNER-ESCHENBACH

Geiz

Er gab sich selber das Trinkgeld, von der Rechten in die Linke.

ELIAS CANETTI

Gelassenheit

Die Gelassenheit ist eine anmutige Form des Selbstbewußtseins.

MARIE VON EBNER-ESCHENBACH

Geld

Geld und Sexualität sind die reellen Mysterien des Lebens.

PETER ALTENBERG

Das Bankkonto ist in demokratischen Zeiten der Geldherrschaft einer der stärksten Liebesbeweise.

FRANZ BLEI

Sein Geld hebt er in seinem Herzen auf, die Schläge zählen es.

ELIAS CANETTI

Geld

Ja, wenn die reichen Leute *Vergnügen* am Geldausgeben hätten: dann müßte man freilich Sozialist werden. Aber so …

EGON FRIEDELL

Einkommen und Vermögen sind keine Schande, höchstens die Art, wie sie zustande kommen.

BRUNO KREISKY

Die Phönizier haben das Geld erfunden – aber warum so wenig?

JOHANN NEPOMUK NESTROY

Geld kann vieles in der Welt, Jugend kauft man nicht ums Geld.

FERDINAND RAIMUND

Gelegenheit

Nichts wird so unwiederbringlich versäumt wie eine Gelegenheit, die sich täglich bietet.

MARIE VON EBNER-ESCHENBACH

Gelehrter

Gelehrte sind als Ehemänner leicht zu betrügen. Je mehr ein Mensch weiß, desto weniger ahnt er.

HERMANN BAHR

Geliebte

Nicht um die Geliebte weine, die du verloren, um die weine, die dir geblieben ist!

PETER ALTENBERG

Die vollkommene Geliebte ist ganz Gegenwart. Vergangenheit hat sie vergessen, Zukunft kümmert sie nicht.

FRANZ BLEI

Geliebter

Eine große Liebe läßt sich durch die Wirklichkeit des Geliebten nicht stören.

HANNAH ARENDT

Geltungsbedürfnis

Es gibt Menschen, die heiser werden, wenn sie ununterbrochen acht Tage lang mit keinem ein Wort gesprochen haben.

KARL KRAUS

Gemüt

Ein tief Gemüt bestimmt sich selbst zum Leid.

FERDINAND RAIMUND

Schmerz schärft den Verstand und stärkt das Gemüt; dahingegen Freude sich um jenen selten bekümmert und dieses verweichlicht oder frivol macht.

FRANZ SCHUBERT

Gemütlichkeit

Ich verlange von einer Stadt, in der ich leben soll: Asphalt, Straßenspülung, Haustorschlüssel, Luftheizung, Warmwasserleitung. Gemütlich bin ich selber.

KARL KRAUS

Genie

Genie besteht immer darin, daß einem etwas Selbstverständliches zum erstenmal einfällt.

HERMANN BAHR

Wie man's nur bezweifeln kann! Jedes Genie ist ein Tyrann!

EDUARD VON BAUERNFELD

Der Genius weist den Weg, das Talent geht ihn.

MARIE VON EBNER-ESCHENBACH

Vielleicht hat das Genie bloß mehr Glück gehabt als die übrigen Menschen.

EGON FRIEDELL

Genie

Ein Genie ist immer eine Art Wunder und kann durchaus nicht natürlich erklärt werden. Da es für alle Zeiten gelten soll, kann es nur lose mit einer vorübergehenden zusammenhängen.

FRANZ GRILLPARZER

Wer Humor hat, der hat beinah schon Genie. Wer Witz hat, der hat meistens nicht einmal den.

ARTHUR SCHNITZLER

Was die Genies anbelangt, das ist eine Welt für sich und außerhalb der Diskussion – wie die Elemente.

ARTHUR SCHNITZLER

Zum Genie wird der Mensch durch einen höchsten Willensakt, in dem er das ganze Weltall in sich bejaht.

OTTO WEININGER

Genie ist das, was macht, daß wir das Talent des Meisters nicht sehen können.

LUDWIG WITTGENSTEIN

Gentleman

Ein Gentleman ist ein Mann, mit dem man noch nicht im Kino war.

MARISA MELL

Ein Gentleman ist ein Mann, der sich wenigstens vorstellt, bevor er einem nachstellt.

MARISA MELL

Ein Gentleman ist ein Mann, der wenigstens nicht mit den Damen flirtet, wenn er sie im Bus stehen läßt.

FRITZ MULIAR

Genuß

Willst du wissen, wie alt du bist, so frage nicht die Jahre, die du gelebt hast, sondern den Augenblick, den du genießt.

ARTHUR SCHNITZLER

Gerechtigkeit

Von allen Tugenden die schwerste und seltenste ist die Gerechtigkeit. Man findet zehn Großmütige gegen einen Gerechten.

FRANZ GRILLPARZER

Gesang

Der Mensch versteht an fremdem Sange nur das, was er selbst schon empfunden; im wortlosen Liede, in der Musik findet er genau soviel, als er selbst hineinzulegen hat.

PETER ROSEGGER

Gescheitheit

Auch den Gescheiten entgeht manches. Zum Beispiel was es bedeutet, ein Brett vor dem Kopf zu haben.

ARTHUR SCHNITZLER

Geschenk

Wenn ein Ehemann seiner Frau keine Geschenke macht, wird sie verstimmt. Wenn er ihr zu viele Geschenke macht, wird sie argwöhnisch.

FRITZ ECKHARDT

Es bleibt einem im Leben nur das, was man verschenkt hat.

ROBERT STOLZ

Nichts ist umsonst in Gottes Welt. Immer bezahlen einzelne, was die Unzähligen empfangen.

STEFAN ZWEIG

Geschichte

Die geistige Geschichte der Menschheit besteht in einer fortwährenden Uminterpretierung der Vergangenheit.

EGON FRIEDELL

Ich könnte mir denken, daß die Geschichtsschreibung alle gewesenen Epochen der Menschheit, von der Urzeit bis zur Gegenwart, dereinst als das „Zeitalter des Infantilismus" zusammenfaßt.

ANTON KUH

Geschichte

Die Geschichte ist das Verzeichnis der Zufrühgekommenen.

RAINER MARIA RILKE

Weltgeschichte ist eine Verschwörung der Diplomaten gegen den gesunden Menschenverstand.

ARTHUR SCHNITZLER

Weltgeschichte ist das Börsengericht.

LUDWIG ANZENGRUBER

Die Weltgeschichte liebt keine Wiederholungen.

STEFAN ZWEIG

Geschichtsschreibung

Ich könnte mir denken, daß die Geschichtsschreibung alle gewesenen Epochen der Menschheit, von der Urzeit bis zur Gegenwart, dereinst als das „Zeitalter des Infantilismus“ zusammenfaßt.

ANTON KUH

Die Geschichtsschreiber – rückwärts gewandte Propheten? Oft sind sie nur verdrehte Journalisten.

ALEXANDER RODA RODA

Die Historie ist das zweitklassige Surrogat des Mythos.

FRANZ WERFEL

Geschlecht

Die Erotik des Mannes ist die Sexualität des Weibes.

KARL KRAUS

Ein Weib ohne Spiegel und ein Mann ohne Selbstbewußtsein – wie sollten die sich durch die Welt schlagen?

KARL KRAUS

An allen Geschäften des Lebens ist das Weib mit seinem Geschlecht beteiligt. Zuweilen selbst an der Liebe.

KARL KRAUS

Geschlecht

Treu und Glauben im Geschlechtsverkehr ist eine Börsenusance.

KARL KRAUS

Geschmack

Guter Geschmack ist die Fähigkeit, kontinuierlich der Übertreibung entgegenzuwirken.

HUGO VON HOFMANNSTHAL

Geschmack ist der Schönheitssinn der Unmodernen.

WERNER SCHNEYDER

Geschwollen

Eine mit Schlagworten geohrfeigte Zeit produziert geschwollene Literatur.

ALFRED POLGAR

Gesellschaft

Hüte dich vor übler Gesellschaft! Du hast dabei am Ende jedes Mal noch mehr Haare gelassen, als die Leute auf den Zähnen hatten, mit denen du beisammen warst.

HEIMITO VON DODERER

Man soll nur den Umgang solcher Menschen suchen, denen gegenüber man sich zusammennehmen muß.

ERNST VON FEUCHTERSLEBEN

In der Gesellschaft muß man nicht einsam sein wollen.

ERNST VON FEUCHTERSLEBEN

Wer das Gesellschaftliche anders als symbolisch nimmt, geht fehl.

HUGO VON HOFMANNSTHAL

Wenn man nicht weiß, was man zu einer Gesellschaft anziehen soll, kommt man am besten als erste. Dann haben die andern das Gefühl, falsch angezogen zu sein.

DAGMAR KOLLER

Gesellschaft

Natürlich gibt es keine vernünftige Gesellschaft. Aber es gibt immer eine, die vernünftiger ist als die bestehende. Und für sie müssen wir arbeiten.

KARL RAIMUND POPPER

Ein glücklicher Mensch ist eine Bereicherung für die Gesellschaft, ein unglücklicher Mensch ist eine große Gefahr.

OTTO RANK

Gesellschaftlicher Verkehr: der Austausch von Vorurteilen und Halskrankheiten.

ALEXANDER RODA RODA

Die beste Gesellschaft nennt sich so, um sich von der guten zu unterscheiden.

WERNER SCHNEYDER

Es gibt Leute, die erst wenn sie in die Gesellschaft aufgenommen sind, offiziell existieren.

DANIEL SPITZER

Gesetz

Vor dem Gesetz sind alle gleich, aber einige möchten halt gleicher sein.

HELMUT QUALTINGER

Das Gesetz wird von manchem nur als eine Bosheit angesehen, durch welche die höchste Blüte der Kultur, die Gemütlichkeit, in ihrer freien Entfaltung gehindert werden soll.

DANIEL SPITZER

Gesicht

Es ist nicht das schöne Gesicht, das man liebt, es ist das Gesicht, das man zerstört hat.

ELIAS CANETTI

Gesicht

Im Gesicht von Kindern ist ein Letztes, das nur das Auge des Vaters oder der Mutter sieht.

HUGO VON HOFMANNSTHAL

An den Ballsaaltüren steht manchmal angeschrieben: Heute Maskenzwang. Ich träume von einer Lustbarkeit, die unter dem Leitspruch vonstatten geht: Heute Gesichterzwang.

ANTON KUH

Es gibt eine Menge Menschen, aber noch viel mehr Gesichter, denn jeder hat mehrere.

RAINER MARIA RILKE

Das Gesicht ist die Seele des Körpers.

LUDWIG WITTGENSTEIN

Gesichtspunkt

Auf Gesichtspunkte einer Frau sollte man nicht viel geben, ausgenommen natürlich Sommersprossen.

FRANZ ANTEL

Gespräch

Aus Mangel an Gesprächsstoff begeht man die gemeinsten Taktlosigkeiten und Indiskretionen.

PETER ALTENBERG

Geständnis

Was gibt es Schöneres, als mit einem jungen Mann und einem alten Rotwein gemeinsam die Schwelle des gehobenen Niveaus zu verlassen?

STEPHANIE WERGER

Gestern

Die ewig Gestrigen sind ewig heutig.

WERNER SCHNEYDER

Gesundheit

Es ist ganz gesund, einmal ein wenig krank zu sein.

ALEXANDER RODA RODA

Gesundheit

Die Gesundheit ist unser höchstes Gut. Und am höchsten Gut wollen eben alle partizipieren.

WERNER SCHNEYDER

Gewählt

Wenn man gewählt worden ist, ist es leicht, sich gewählt auszudrücken.

HELMUT QUALTINGER

Gewalt

Gewalt ist das Problem, als dessen Lösung sie sich ausgibt.

FRIEDRICH HACKER

Stets ist es die Gewalt, die den Geist befehdet.

STEFAN ZWEIG

Gewissen

Wenn das Gewissen ein Rotlicht ist, dann bemühen sich die meisten, noch schnell bei Gelb über die Kreuzung zu kommen.

SENTA BERGER

Gewissensfreiheit, ja, ja. Er meint die Freiheit, kein Gewissen zu haben.

MARIE VON EBNER-ESCHENBACH

Sei deines Willens Herr und deines Gewissens Knecht.

MARIE VON EBNER-ESCHENBACH

Ein schlechtes Gewissen hat nur, wer ein Gewissen hat.

HANS HABE

Terroristen haben kein Gewissen, da sie meinen, das Gewissen zu sein.

FRIEDRICH HACKER

Gewissensbisse sind die sadistischen Regungen des Christentums.

KARL KRAUS

Gewissen

Die einen verführen und lassen sitzen; die anderen heiraten und lassen liegen. Das sind die Gewissenloseren.

KARL KRAUS

Schlechtes Gewissen macht schlechten Teint.

ANTON KUH

Gewissensbisse sind das erste Symptom der schwindenden Männerschaft.

ANTON KUH

Gewissensbiß: der Trieb wird Hemmung.

HANS LOHBERGER

Wenn sich das soziale Gewissen der Kulturgesellschaft so dynamisch weiterentwickelt, wird man die Speisekarten der Theaterrestaurants bald mit hungernden Negerkindern illustrieren.

WERNER SCHNEYDER

Die meisten guten Werke tut das schlechte Gewissen der Sündigen, nicht das unbefleckte der Gerechten.

KARL HEINRICH WAGGERL

Gewohnheit

Ist denn Gewohnheit gar nichts? Ja, ein feiges Verbrechen.

PETER ALTENBERG

Die Liebe überwindet den Tod – aber es kommt vor, daß eine kleine üble Gewohnheit die Liebe überwindet.

MARIE VON EBNER-ESCHENBACH

Immer dasselbe tun, wenn auch noch so gedankenlos, endlich wird's Methode.

MARIE VON EBNER-ESCHENBACH

Gewohnheit

Die Gewohnheit ist ein lästiges Ding, selbst an Verhaßtes fesselt sie.

FRANZ GRILLPARZER

Gewohnheiten machen alt. Jung bleibt man nur durch die Bereitschaft zum Wechsel.

ATTILA HÖRBIGER

Der Mensch ist mit der Gewohnheit verwachsen, das Atemholen ist auch nur eine Gewohnheit, wenn man sich's aber abgewöhnt, ist man hin.

JOHANN NEPOMUK NESTROY

Gewohnheiten sind die Fingerabdrücke des Charakters.

ALFRED POLGAR

Glauben

An etwas glauben heißt, in jedem Augenblick damit rechnen.

FERDINAND EBNER

Wer nichts weiß, muß alles glauben.

MARIE VON EBNER-ESCHENBACH

Der Gläubige, der nie gezweifelt hat, wird schwerlich einen Zweifler bekehren.

MARIE VON EBNER-ESCHENBACH

Wenn es einen Glauben gibt, der Berge versetzen kann, so ist es der Glaube an die eigene Kraft.

MARIE VON EBNER-ESCHENBACH

An Rheumatismen und an wahre Liebe glaubt man erst, wenn man davon befallen ist.

MARIE VON EBNER-ESCHENBACH

Glauben

Der Glaube an sich selbst hängt oft nur an einem Faden, aber es ist der Lebensfaden.

WILHELM FISCHER

Es gibt einen Glauben, dessen wir zu sehr bedürfen, um ihn den Chancen eines Examens zu unterwerfen.

JOHANN NEPOMUK NESTROY

Was gestern absurd schien, wird heute allgemein geglaubt und ist morgen banal.

DANIEL SPITZER

In der Religion und in der Medizin kommt es hauptsächlich auf den Glauben an.

DANIEL SPITZER

Die meisten Leute glauben an Gott, aber das ist gewöhnlich alles, was sie in der Sache tun.

KARL HEINRICH WAGGERL

Der Glaube versetzt Berge, der Zweifel erklettert sie.

KARL HEINRICH WAGGERL

Wenn der Glaube stark ist, kann er Berge versetzen. Aber ist er auch noch blind, dann begräbt er das Beste darunter.

KARL HEINRICH WAGGERL

Im Glauben liegt ein Willensakt.

FRANZ WERFEL

Gleich

Vor dem Gesetz sind alle gleich, aber einige möchten halt gleicher sein.

HELMUT QUALTINGER

Gleich

Am gleichen Strang zu ziehen, heißt noch gar nichts. Auch Henker und Gehenkte tun das.

HELMUT QUALTINGER

Gleichgültigkeit

Die Schwester der Gleichgültigkeit ist entsetzliche Langeweile, ihr Bruder der Müßiggang – eine furchtbare Sippschaft.

ERNST VON FEUCHTERSLEBEN

Glück

Das Eheglück: Wenn alles glattgeht, dann geht's erst recht schief!

PETER ALTENBERG

Das Glück ist kugelrund und fällt daher nicht immer auf das Edelste, Beste.

LUDWIG VAN BEETHOVEN

Glück ist wie ein Maßanzug. Unglücklich sind meistens die, die den Maßanzug eines andern tragen wollen.

KARLHEINZ BÖHM

Glück ist ein Abfallprodukt des Strebens nach Vollendung. Wer es sucht, kann es nie finden.

RICHARD VON COUDENHOVE-CALERGI

Er hat im Leben viel Glück gehabt und ist doch niemals glücklich gewesen.

FRANZ DINGELSTEDT

Du kannst dem Glück nicht ein Pförtchen öffnen, ohne zugleich vor der Sorge ein Tor aufzureißen.

MARIE VON EBNER-ESCHENBACH

Glück ist ein Effekt, den man nicht haschen kann, da gibt es keine „Effekthascherei".

VIKTOR E. FRANKL

Die Absicht, daß der Mensch glücklich sei, ist im Plan der Schöpfung nicht enthalten.

SIGMUND FREUD

Kannst du das Glück nicht fassen und erringen, so lerne, es zu entbehren.

FRANZ GRILLPARZER

Das Glück ist meistens wie die Brille, nach der man vergebens sucht. Man findet sie nicht, weil man sie schon auf der Nase hat.

PAUL HÖRBIGER

Glück im Leben besteht aus den vielen Dingen, die einem nicht zugestoßen sind.

PAUL HÖRBIGER

Glück ist die Gesundheit der Seele.

HANS LOHBERGER

Ich habe nur ein Ziel: Mein Glück für das eines anderen zu opfern und vielleicht dadurch selber glücklich zu werden.

ALMA MAHLER-WERFEL

Ich lege mich nie zu Bette, ohne zu bedenken, daß ich vielleicht den anderen Tag nicht mehr sein werde, und es wird doch kein Mensch sagen können, daß ich im Umgang mürrisch und traurig wäre. Für diese Glückseligkeit danke ich alle Tage meinem Schöpfer.

WOLFGANG AMADEUS MOZART

Das gemeinsame Glück zweier Menschen ist nichts anderes als zwei kleine, nebeneinander geritzte Striche in die Unendlichkeit.

ROBERT MUSIL

Glück

Zum Trost: Glück strengt genauso an wie Unglück.

ROBERT MUSIL

Wie albern der Grundsatz über die Unbeständigkeit des Glücks: es gibt gar nichts Beständigeres.

JOHANN NEPOMUK NESTROY

Wer sein Glück nur in Träumen findet, paßt nicht zu wirklichen Freuden.

JOHANN NEPOMUK NESTROY

Das Glück mancher Ehe beruht auf einer alten Weisheit: Was man nur ahnt, das weiß man noch lange nicht.

MAX PALLENBERG

Ein glücklicher Mensch ist eine Bereicherung für die Gesellschaft, ein unglücklicher Mensch ist eine große Gefahr.

OTTO RANK

Just ging ein Glück vorüber, als ich schlief, und wie ich träumte, hört ich nicht: es rief.

RAINER MARIA RILKE

Glücklich sein und andere glücklich machen, sonst hast du auf Erden nichts zu tun.

PETER ROSEGGER

Nicht das, was wir sind und haben, bestimmt unser Glück, sondern das, was wir glauben zu sein und zu haben.

PETER ROSEGGER

Glück ist, wenn man zusieht, wie die Zeit vergeht, und hofft, daß sie für einen arbeitet.

WERNER SCHNEYDER

Glück

Alles, was die Seele durcheinanderschüttelt, ist Glück.

ARTHUR SCHNITZLER

Die schlimmste Art, ein Glück zu versäumen, ist, es nicht zu glauben, da man es erlebt.

ARTHUR SCHNITZLER

Dort, wo du nicht bist, da ist das Glück.

FRANZ SCHUBERT

Man wird ganz dumm von alledem, was man sieht, und das ist wirklich ein Glück, weil einem sonst das, was man hört, nicht ganz gescheit vorkäme.

DANIEL SPITZER

Das Glück ist ein Mosaikbild, das aus lauter unscheinbaren, kleinen Freuden zusammengesetzt ist.

DANIEL SPITZER

Das wäre ja nichts Rechtes, wenn man schon wüßte, wo das Glück liegt, und nur hingehen dürfte, um es aufzuheben.

ADALBERT STIFTER

Glück und Unglück sind gleich gefährliche Zustände, wenn man versäumt, sich sofort damit einzurichten.

KARL HEINRICH WAGGERL

Gnade

Gnade der Einheit von Werk und Mensch – auch dies ist himmlisches Geschenk.

JOSEPH MARX

Gott

Gott denkt in den Genies, träumt in den Dichtern und schläft in den übrigen Menschen.

PETER ALTENBERG

Gott

Gott begegnet dem Menschen dort, wo der Mensch nichts hat als sich selbst. Kein Beispiel, keinen Vormund, keinen Helfer.

MAX BROD

Gott wohnt, wo man ihn einläßt. Man kann ihn aber nur da einlassen, wo man wirklich steht, da, wo man lebt, wo man ein wahres Leben lebt.

MARTIN BUBER

Gott war ein Fehler. Aber es ist schwer zu entscheiden, ob er zu früh oder zu spät war.

ELIAS CANETTI

Je weiter unsere Erkenntnis Gottes dringt, desto weiter weicht Gott vor uns zurück.

MARIE VON EBNER-ESCHENBACH

Der Mensch ist ein ewiger Gottsucher. Was man auch sonst von ihm aussagen wollte, wäre sekundär. Denn aus dieser einen Quelle strömt alles, was er tut und unterläßt.

EGON FRIEDELL

Eine Welt ohne Gott ist nicht nur die unsittlichste, sondern auch die unkomfortabelste, die sich ersinnen läßt.

EGON FRIEDELL

Ein Blitzableiter auf einem Kirchturm ist das denkbar stärkste Mißtrauensvotum gegen den lieben Gott.

KARL KRAUS

Gibt es einen Gott, so ist die Art, in der ihr ihn verehrt, Gotteslästerung.

ARTHUR SCHNITZLER

Gott

Gott liebt es, wenn seine Quellen rauschen. Aber niemand weiß, welche Art Mühlen er damit antreibt.

KARL HEINRICH WAGGERL

Wenn Gott zu dir kommen will, verläßt er dich.

KARL HEINRICH WAGGERL

Man kann das Unsichtbare nicht besiegen. Man kann Menschen töten, aber nicht den Gott, der in ihnen lebt.

STEFAN ZWEIG

Grab

Kein Gras wächst so geschwind wie das auf Gräbern.

FRANZ THEODOR CSOKOR

Grausamkeit

Grausamkeit entsteht durch Domestikation. Der Trieb dient nicht mehr seinem naiven Zweck.

ROBERT MUSIL

Grenze

Wenn man seine Grenzen sehr intensiv erkennt, muß man zersprengt werden.

FRANZ KAFKA

Wir haben die Grenzen nicht in uns selbst.

OSKAR KOKOSCHKA

Keine Grenze verlockt mehr zum Schmuggeln als die Altersgrenze.

ROBERT MUSIL

Grobheit

Grobheit – geistige Unbeholfenheit.

MARIE VON EBNER-ESCHENBACH

Größe

Andere neidlos Erfolge erringen sehen, nach denen man selbst strebt, ist Größe.

MARIE VON EBNER-ESCHENBACH

Größe

Die Großen schaffen das Große, die Guten das Dauernde.

MARIE VON EBNER-ESCHENBACH

Die Kleinen schaffen, der Große erschafft.

MARIE VON EBNER-ESCHENBACH

Alles Große in der Welt wird nur dadurch Wirklichkeit, daß irgendwer mehr tut, als er tun müßte.

HERMANN GMEINER

Alles Große, das Menschen je geleistet, geht aus der Einsamkeit, aus der Vertiefung geistigen Schauens hervor.

PETER ROSEGGER

Größenwahn

Vielleicht verdankt der Mensch seinen Größenwahn dem Hund.

MARLEN HAUSHOFER

Grube

Wer andern keine Grube gräbt, fällt selbst hinein.

KARL KRAUS

Grüne Witwe

Grüne Witwen sind Hinterbliebene von Männern, die noch leben.

SENTA BERGER

Grundsatz

Ich hab' nur einen Grundsatz, und das ist der, gar keinen Grundsatz zu haben. Grundsätze sind enge Kleidungsstücke, die einen bei jeder freien Bewegung genieren.

JOHANN NEPOMUK NESTROY

Gut

So mancher meint, ein gutes Herz zu haben, und hat nur schwache Nerven.

MARIE VON EBNER-ESCHENBACH

Gut

Gute Menschen kann man besser zum besten halten.

LORE KRAINER

Um eine schlechte Sache zu führen, muß man ein guter Politiker sein.

KARL KRAUS

Alle Menschen sind gut, und außerdem muß es auch böse Menschen geben.

HANS WEIGEL

Güte

Erst im Alter wird man gut, erst spät, erst wenn die Reue kommt, merkt man, daß man es an Güte so oft hat fehlen lassen.

MARIE VON EBNER-ESCHENBACH

Das Gute wird erst gut durch Güte.

KARL HEINRICH WAGGERL

Gutes

Warum sind nicht mehr Leute aus Trotz gut?

ELIAS CANETTI

Wie weise muß man sein, um immer gut zu sein?

MARIE VON EBNER-ESCHENBACH

Das Gute ist in gewissem Sinne trostlos.

FRANZ KAFKA

Es geht nicht gerecht zu auf Erden. Und da es ohnedies schon so ist, so muß man verschwenderisch Gutes tun.

MAX MELL

Anzettelungen übler Art kommen immer ans Tageslicht. Es ist das schöne Vorrecht der guten Tat, unbemerkt zu bleiben.

MAX MELL

Gutes

Mit Gutem läßt sich alles richten. Ein großmütiges und sanftmütiges Betragen hat schon oft die ärgsten Feinde versöhnt.

WOLFGANG AMADEUS MOZART

Das ist freilich auch wahr: ein vollkommen guter Mensch wäre für nichts zu gebrauchen.

KARL HEINRICH WAGGERL

Das Böse, das wir tun, wird uns vielleicht verziehen werden. Aber unverziehen bleibt das Gute, das wir nicht getan haben.

KARL HEINRICH WAGGERL

Alle Menschen sind gut, und außerdem muß es auch böse Menschen geben.

HANS WEIGEL

Jeder Sieg des Guten in einem Menschen hilft von selbst dem anderen.

OTTO WEININGER

Gymnasium

Was das Gymnasium wert ist, sieht man weniger an denen, die es besucht haben, als an denen, die es nicht besucht haben.

EGON FRIEDELL

Haar

Haarausfall bei Frauen ist sehr selten – vor allem auf den Zähnen.

KARL FARKAS

Halbwahrheit

Wenn wir einer Halbwahrheit nur scharf genug ins Auge sehen, ist es eine ganze Lüge gewesen.

ARTHUR SCHNITZLER

Hand

Eine Hand wird zusehends schöner, wenn man sie streichelt.

PETER ALTENBERG

Es ist so edel, wenn man seine Hand einem Menschen in die Hand legt, dem man sie von Rechts wegen ins Gesicht legen sollte.

JOHANN NEPOMUK NESTROY

Handeln

Das Motiv einer guten Handlung ist manchmal nichts anderes als zur rechten Zeit eingetretene Reue.

MARIE VON EBNER-ESCHENBACH

Kleine Geister handeln, große wirken.

KARL HEINRICH WAGGERL

Der Mensch handle so, daß in jedem Moment seine ganze Individualität liege.

OTTO WEININGER

Es ist schwer, etwas zu wissen und zu handeln, als wüßte man's nicht.

LUDWIG WITTGENSTEIN

Handkuß

Ein Handkuß kann eine letzte Ehrerbietung sein oder eine erste körperliche Berührung.

PETER ALTENBERG

Haß

Es gibt einen Haß, der auch produktiv macht. Immer kommt es schließlich auf den Menschen an. Kleine Menschen verzetteln sich in ihrem Haß. Große läßt er schöpferisch werden.

HERMANN BAHR

Der Haß dehnt sich auf sich selbst zurück, auf diejenigen, die ihn hegen.

LUDWIG VAN BEETHOVEN

Wisset: die euch Haß predigen, erlösen euch nicht.

MARIE VON EBNER-ESCHENBACH

Die Liebe und ihre Umkehrung, der Haß, sind darum das eigentliche Studium des Lebens, weil sie allein aus den anderen Individuen die Konsequenzen ziehen.

HUGO VON HOFMANNSTHAL

Haß muß produktiv machen, sonst ist es gescheiter, gleich zu lieben.

KARL KRAUS

Man kann wohl nur dort richtig hassen, wo man geliebt hat und es – wenn man das auch ableugnen möchte – immer noch tut.

KONRAD LORENZ

Sei sparsam! Hasse nicht, wo du mit Verachtung auskommst.

ALEXANDER RODA RODA

Der Haß ist wahrscheinlich ein ebenso mächtiger Urtrieb wie Liebe und Hunger.

ARTHUR SCHNITZLER

Haß

Wenn der Haß feige wird, geht er maskiert in Gesellschaft und nennt sich Gerechtigkeit.

ARTHUR SCHNITZLER

Am leichtesten kann der Fanatismus seine frevlerische Flamme am Haß entzünden.

STEFAN ZWEIG

Haut

Es gibt kein bequemeres Sprichwort als: „Der Mensch kann nicht aus seiner Haut." Er kann schon, aber er will nicht, weil es entsetzlich weh tut.

FRANZ NABL

Heim

Es ist immer gewagt, Menschenkenner bei sich zu Gaste zu laden, und es ist immer lohnend für Menschenkenner, in eines Nachbars Haus zu treten. Völker wie Personen verkörpern in ihren Wohnräumen ihren Charakter.

PETER ROSEGGER

Heimat

Heimat, das ist das Ruhende, das Alltägliche, nicht das Ungewöhnliche, das einzig Stille in uns, nicht das Erregende.

RUDOLF HENZ

Das Gelobte Land ist dort, wohin wir es tragen.

THEODOR HERZL

Die Überschätzung der Frage, wo man sich befinde, stammt aus der Hordenzeit, wo man sich die Futterplätze merken mußte.

ROBERT MUSIL

Gerade der Heimatlose wird in einem neuen Sinne frei, und nur der mit nichts mehr Verbundene braucht auf nichts mehr Rücksicht zu nehmen.

STEFAN ZWEIG

Heimweh

Heimweh hat man nie nach verlorenen Orten, man hat es immer nur nach einer verlorenen Zeit.

ALEXANDER LERNET-HOLENIA

Heirat

Heiraten heißt, alle seine Vernunft zusammenzunehmen, um die wahnsinnigste Handlung zu begehen, die ein Mensch begehen kann.

MARIE VON EBNER-ESCHENBACH

Heiraten, eine Familie gründen, alle Kinder, welche kommen, hinnehmen, in dieser unsicheren Welt erhalten und gar noch ein wenig zu führen, ist meiner Überzeugung nach das Äußerste, was einem Menschen überhaupt gelingen kann.

FRANZ KAFKA

Zwei haben nicht geheiratet: sie leben seit damals in gegenseitiger Witwenschaft.

KARL KRAUS

's Sitzenlassen is immer billiger als 's Heiraten.

JOHANN NEPOMUK NESTROY

Held

Der Held braucht Verhängnis und Unglück, um sich beweisen zu können. Not und Held gehören zusammen wie Krankheit und Fieber.

ROBERT MUSIL

Der moderne Mensch ist feig, aber er läßt sich gern zum Heroismus zwingen.

ROBERT MUSIL

Held

Das Große geschieht so schlicht wie das Rieseln des Wassers, das Fließen der Luft, das Wachsen des Getreides. Darum ist irgendeine Heldentat unendlich leichter und auch öfter da als ein ganzes Leben voll Selbstbezwingung und unscheinbarem Reichtum oder als ein freudiges Sterben.

ADALBERT STIFTER

Eine Heldentat ist unendlich leichter als ein ganzes Land voll Selbstbezwingung.

ADALBERT STIFTER

Ich halte nicht viel vom Heldentum. Wieviel Verstand hat auf einer Schwertspitze Platz?

KARL HEINRICH WAGGERL

Der edelste Mut des Geistes ist immer ein Heldentum ohne Brutalität.

STEFAN ZWEIG

Herz

Wenn mein Herz nicht spricht, dann schweigt auch mein Verstand – sagt die Frau. Schweige, Herz, damit der Verstand zu Worte kommen kann – sagt der Mann.

MARIE VON EBNER-ESCHENBACH

So mancher meint ein gutes Herz zu haben und hat nur schwache Nerven.

MARIE VON EBNER-ESCHENBACH

Von zwei gleich gescheiten Menschen wird derjenige den weiteren Horizont haben, der mehr Herz hat. Mit anderen Worten: Wärme dehnt aus.

EGON FRIEDELL

Das Herz adelt den Menschen.

WOLFGANG AMADEUS MOZART

Herz

Was du auf dem Herzen hast, ist dort am besten aufgehoben.

RICHARD VON SCHAUKAL

Um anderer Verstand zu erkennen und zu prüfen, muß man selbst einen guten Verstand haben; beim Herzen ist es fast umgekehrt. Ein guter Verstand täuscht, ein gutes Herz wird getäuscht.

FRANZ STELZHAMER

Reichtum, Ansehen, Macht, alles ist unbedeutend und nichtig gegen die Größe des Herzens – das Herz allein ist das einzige Kleinod auf der Welt.

ADALBERT STIFTER

Nichts geht über ein Herz, von dem man mit Gewißheit weiß, daß es einzig und unwandelbar an uns hängt und keine Faser Falschheit und Eigensucht hat.

ADALBERT STIFTER

Nur aus eigenem Erleben vermag das Herz das Wesentliche des Gefühls zu erlernen.

STEFAN ZWEIG

Hieb

Hiebe tragen oft die größte Anhänglichkeit ein.

WALTER SERNER

Hilfe

Hilf und geh zugrunde dabei und wisse, daß du noch immer zuwenig geholfen hast.

MAX BROD

„Man kann nicht allen helfen“, sagt der Engherzige – und hilft keinem.

MARIE VON EBNER-ESCHENBACH

Hilfe

Wenn jeder dem andern helfen wollte, wäre allen geholfen.

MARIE VON EBNER-ESCHENBACH

Wenn man helfen kann, soll man vor einer Sünde nicht zurückschrecken.

FERENC MOLNÁR

Es ist keine Höflichkeit, einem Lahmen den Stock tragen zu wollen.

ARTHUR SCHNITZLER

Wer einem hilft, hat allen geholfen.

KARL HEINRICH WAGGERL

Himmel

Der Versuch, den Himmel auf Erden zu verwirklichen, produzierte stets die Hölle.

KARL RAIMUND POPPER

Historiker

Historiker: einer, der zu schlecht schreibt, um an einem Tagesblatt mitarbeiten zu können.

KARL KRAUS

Hochmut

So mancher steigt herum, der Hochmut bringt ihn um.

FERDINAND RAIMUND

Hochzeit

Die Hochzeit heißt deshalb Hochzeit, weil es dann meistens höchste Zeit ist.

KARL FARKAS

Höflichkeit

Höflichkeit ist die große Erzieherin zur Menschlichkeit. Sie gewöhnt den Menschen an Form, Takt, Rücksicht. So gestaltet und verfeinert sie seine Seele.

RICHARD VON COUDENHOVE-CALERGI

Höflichkeit

Es gibt keinen besseren Grund, höflich zu sein, als die Überlegenheit.

MARIE VON EBNER-ESCHENBACH

Man kann unterscheiden zwischen einer Höflichkeit, die anzieht, und einer Höflichkeit, die fernhält.

MARIE VON EBNER-ESCHENBACH

Es ist keine Höflichkeit, dem Lahmen den Stock tragen zu wollen.

ARTHUR SCHNITZLER

Ich bin immer sehr höflich gegen die Dummköpfe: ich leben ja von ihnen.

DANIEL SPITZER

Höhe

Die Höhe eines Lebens wird nicht erreicht, damit man sich hinaufsetzt, sondern damit man in besserer Luft weitergeht.

HEIMITO VON DODERER

Hölle

Die Hölle wäre nicht vollständig, wenn ihr die Phrasen des Idealismus fehlten.

MAX BROD

Der Versuch, den Himmel auf Erden zu verwirklichen, produzierte stets die Hölle.

KARL RAIMUND POPPER

Hoffnung

Du wußtest nichts und hofftest alles. Später wußtest du alles und hofftest nichts.

PETER ALTENBERG

Die Hoffnung nährt mich, sie nährt ja die halbe Welt, und ich habe sie mein Lebtag zur Nachbarin gehabt; was wäre sonst aus mir geworden?

LUDWIG VAN BEETHOVEN

Hoffnung

Wer von der Hoffnung lebt, wird wenigstens nicht dick.

TILLA DURIEUX

Je törichter dein Hoffen, um so fester.

MARIE VON EBNER-ESCHENBACH

Was man kräftig hofft, das geschieht. Ein keckes Wort, was aber wunderbar tröstet.

ERNST VON FEUCHTERSLEBEN

Hoffnung ist ein fester Stab und Geduld ein Reisekleid, da man mit durch Welt und Grab wandert in die Ewigkeit.

FRIEDRICH VON LOGAU

Homosexualität

Ich verstehe nicht, wie man homosexuell sein kann. Das Normale ist doch schon unangenehm genug.

EGON FRIEDELL

Humanität

Humanität ist das Waschweib der Gesellschaft, das ihre schmutzige Wäsche in Tränen auswindet.

KARL KRAUS

Was ist Humanität? Geistesgegenwart der Gerechtigkeit.

ANTON KUH

Humor

Der Humor ist die genügsamste unter den Arten des Komischen; sein Vorgang vollendet sich bereits in einer einzigen Person, die Teilnahme einer anderen fügt nichts Neues zu ihm hinzu.

SIGMUND FREUD

Humor: die Satire von gestern.

ALEXANDER RODA RODA

Humor

Humor ist die Verdauung der Satten, Satire der Schrei der Hungrigen.

ALEXANDER RODA RODA

Wer Humor hat, der hat beinah schon Genie. Wer nur Witz hat, der hat meistens nicht einmal den.

ARTHUR SCHNITZLER

Humor ist immer dämonischer Natur; das Reich von Witz, Ironie, Satire, dieser gefallenen Engel des Geistes, ist innerhalb des Satanischen beschlossen.

ARTHUR SCHNITZLER

Humor ist ein stiller Helfer in allen Nöten, sogar in der Liebe, denn er schlägt die Augen nieder und sieht mit dem Herzen.

KARL HEINRICH WAGGERL

Humorist

Der Humorist lustwandelt innerhalb der Unendlichkeit.

ARTHUR SCHNITZLER

Ein Humorist ist einer, dem weniger lustig zumute ist als den anderen.

HANS WEIGEL

Hunger

Je hungriger du bist, desto munterer spiele den Satten. Dem Hungernden offeriert man Brot, dem Satten Soupers.

GÜNTHER ANDERS

Dem Arbeiter, der kein Brot hat, ist es ganz einerlei, nach welcher Definition er verhungert.

DANIEL SPITZER

Ich will nicht verhungern, ich bin noch nicht genug unsterblich dazu.

DANIEL SPITZER

Hunger

Es ist unsittlich, einer Gesellschaft anzugehören, in der es Hungernde gibt.

FRANZ WERFEL

Hypochondrie

Hypochondrie ist nicht bloß, sich ein Leiden, das man nicht hat, einzubilden, sondern Leiden, die man hat, zu aufmerksam zu beschauen.

ERNST VON FEUCHTERSLEBEN

Hysterie

Hysterie ist ein Unglück des Geistes und des Herzens. In die tagtäglich neue und bessere Welt sehen können ist alles.

PETER ALTENBERG

Kürzeste Formel für Hysterie: Inkongruenz mit sich selber.

ANTON KUH

Ideal Idealen sein Leben weihen, zumal sein politisches, ist zumeist nur ein vor sich selbst versteckter Größenwahn.

PETER ALTENBERG

An seinen Idealen zugrunde gehen zu können, heißt lebensfähig sein.

PETER ALTENBERG

Wer nicht bereit ist, für seine höchsten Ideale zu sterben – der hat keine höchsten Ideale.

RICHARD VON COUDENHOVE-CALERGI

Das Übel gedeiht nie besser, als wenn ein Ideal davorsteht.

KARL KRAUS

Die Wirklichkeit ist eine Sense für Ideale.

HELMUT QUALTINGER

Es gibt kein Ideal der Frauen vom Manne, das an die Madonna erinnern würde; nicht der reine, keusche, sittliche Mann wird von der Frau gewollt, sondern – ein anderer.

OTTO WEININGER

Idealismus Der Versuch, den Himmel auf Erden zu verwirklichen, produzierte stets die Hölle.

KARL RAIMUND POPPER

Idealist Der Idealist geht glatt durch Mauern und stößt sich wund an der Luft.

ALFRED POLGAR

Idee Über den Menschen, den Parteien stehen die hellen, leuchtenden Ideen.

EDUARD VON BAUERNFELD

Idee

Ein Mann mit großen Ideen ist ein unbequemer Nachbar.

MARIE VON EBNER-ESCHENBACH

Es gibt Ideen, denen man nicht entrinnen kann.

THEODOR HERZL

Je tiefer ich in meinen Ideen das Senkblei auswerfe, desto mehr finde ich in mir den Abgrund der Widersprüche.

JOHANN NEPOMUK NESTROY

Neue Ideen begeistern jene am meisten, die auch mit den alten nichts anzufangen wußten.

KARL HEINRICH WAGGERL

Im Gefolge jeder Idee, die viel kostet, kommt eine Menge billiger; darunter auch einige, die nützlich sind.

LUDWIG WITTGENSTEIN

Immer erscheinen die entscheidenden Ideen nachträglich als einfache und selbstverständliche.

STEFAN ZWEIG

Ideologie

Ideologien bellen sich gegenseitig an, aber sie beißen nicht.

ROBERT MUSIL

Illusion

Utopie hat goldenen Boden.

GÜNTHER NENNING

Er pflegte seine Luftschlösser so verschwenderisch einzurichten, daß seine Phantasie endlich Konkurs machen mußte.

DANIEL SPITZER

Illusion

Wolken kann man nicht bauen. Und darum wird die erträumte Zukunft nie wahr.

LUDWIG WITTGENSTEIN

Von nichts trennt man sich schwerer als von geliebten Illusionen.

STEFAN ZWEIG

Immer

Besser immer einen als einen immer.

MAGDA GABOR

Imposant

Hüte dich vor dem Imposanten! Aus der Länge des Stiels kann man nicht auf die Schönheit der Blüte schließen.

PETER ALTENBERG

Impotenz

Es gibt nur eine einzige Impotenz: die Dinge nicht mehr mit dem Reichtum der eigenen Seele ausstatten zu können.

PETER ALTENBERG

Indiskretion

Es gibt nicht zwei Menschen auf der Erde, die nicht durch eine teuflisch ausgedachte Indiskretion zu Todfeinden gemacht werden könnten.

HUGO VON HOFMANNSTHAL

Individualität

Individualität – eine Einbildung. Die tägliche Erfahrung zeigt, daß unser Herrgott die Menschen dutzendweis erschafft.

JOHANN NEPOMUK NESTROY

Information

Ein Gramm Information wiegt schwerer als tausend Tonnen Meinung.

GERD BACHER

Instrument

Viele Instrumente kommen aus den Wäldern; die Herkunft ist ihnen noch anzusehen an Haut, Darm und Holz.

INGEBORG BACHMANN

Intellektuelle

Ich halte es für verfehlt, einen Intellektuellen danach zu beurteilen, ob er richtige Voraussagen gemacht hat.

KARL RAIMUND POPPER

Intelligenz

Man mag sich Intelligenz mitunter aus dem Grunde wünschen, um endlich das größte Wunder erschauen zu können: wie dumm nämlich die Dummköpfe wirklich sind.

HEIMITO VON DODERER

Gewisse Leute gelten nur deshalb als besonders intelligent, weil sie tiefsinnig zu schweigen verstehen. Ich habe den Verdacht, manche schweigen so klug, weil sie nichts zu sagen haben.

HANS HABE

Intendant

Wer Journalismus nicht von der Pike auf gelernt hat, wird als Intendant scheitern.

GERD BACHER

Interesse

Überall gibt es Zuschauer – Menschen, die an etwas interessiert sind, das sie gar nicht interessiert.

PETER ALTENBERG

Jeder, der ein Interesse einem Ideal opfert, handelt heroisch. Je größer das Interesse, desto größer das Heldentum.

RICHARD VON COUDENHOVE-CALERGI

Durchschnittsmenschen sind begabt in dem, was sie interessiert. Es handelt sich nur darum, sie für Geistiges zu interessieren.

ROBERT MUSIL

Intimität

Sie sagte sich: Mit ihm schlafen, ja – aber nur keine Intimität.

KARL KRAUS

Intoleranz

Den Hut vor der Monstranz zu ziehen ist bei weitem keine so große Genugtuung wie ihn jenen vom Kopf zu schlagen, die andersgläubig oder kurzsichtig sind.

KARL KRAUS

Intuition

Ich mißtraue allen Leuten, die auf Intuition warten.

JOHANNES MARIO SIMMEL

Ironie

Sentimentale Ironie ist ein Hund, der den Mond anbellt, dieweil er auf Gräber pißt.

KARL KRAUS

Ironie: die Tochter des Hasses und der Grazie.

ALEXANDER RODA RODA

Irren

Wir irren allesamt, nur jeder irrt anders.

LUDWIG VAN BEETHOVEN

Die Persönlichkeit hat ein Recht zu irren. Der Philister kann irrtümlich recht haben.

KARL KRAUS

Man irrt so hartnäckig, weil man selten gänzlich irrt.

KARL HEINRICH WAGGERL

Irrtum

Es liegt nicht in unserer Macht, Irrtümer wie Kleider abzulegen, weil wir lieber andere tragen möchten; wir finden erst die Kraft, Irrtümer loszuwerden, wenn wir sie nicht mehr verwerten können, weil sie wirklich völlig abgenutzt sind.

EGON FRIEDELL

Irrtum

Jeder Irrtum hat drei Stufen: Auf der ersten wird er ins Leben gerufen, auf der zweiten will man ihn nicht eingestehen, auf der dritten macht nichts ihn ungeschehen.

FRANZ GRILLPARZER

Menschsein ist irrig.

KARL KRAUS

Die Erfahrung ist nur die Frucht begangener Irrtümer, darum muß man sich etwas verirren.

JOHANN NEPOMUK NESTROY

Jene Irrtümer, die sich noch als die praktisch zweckmäßigsten und brauchbarsten erwiesen haben, nennt man Wahrheit.

PETER ROSEGGER

Wir büßen unsere Irrtümer schwerer als unsere Verschuldung.

FRANZ WERFEL

Soll Geschichte einen Sinn haben, so muß es der sein, unsere Irrtümer zu erkennen und sie zu überwinden.

STEFAN ZWEIG

Italiener

Ich glaube nicht, daß die Italiener in der Frauenpsychologie über die Erkenntnis: la donna è mobile hinausgekommen sind.

KARL KRAUS

Jäten Jäten ist Zensur an der Natur.

OSKAR KOKOSCHKA

Journalismus Wer Journalismus nicht von der Pike auf gelernt hat, wird als Intendant scheitern.

GERD BACHER

Der Journalismus ist ein Terminhandel, bei dem das Getreide auch in der Idee nicht vorhanden ist, aber effektives Stroh gedroschen wird.

KARL KRAUS

Meinungsjournalismus verpflichtet vor allem dazu, immer wieder den Eindruck zu erwecken, daß man eine hat.

WERNER SCHNEYDER

Ich plädiere dafür, daß eine gewisse journalistische Begabung künftig auch für Fernsehredakteure kein allzu hohes Berufshindernis mehr darstellen sollte.

WERNER SCHNEYDER

Wer jedem etwas bringt, bringt nichts.

WERNER SCHNEYDER

Journalist Ein Journalist ist ein Mensch, der immer Wichtigeres zu tun hat und daher nie zum Wichtigsten kommt.

HEIMITO VON DODERER

Sie wissen nicht, wo Gott wohnt, aber sie haben ihn alle schon interviewt.

ANTON KUH

Der Journalist hat zwei Augen und zwei Ohren, um doppelt soviel zu sehen und zu hören, wie geschieht.

ALEXANDER RODA RODA

Judentum

Die Judenfrage besteht. Es wäre töricht, sie zu leugnen. Sie ist ein verschlepptes Stück Mittelalter, mit dem die Kulturvölker auch heute beim besten Willen noch nicht fertig werden.

THEODOR HERZL

Wir sind ein Volk – der Feind macht uns ohne unseren Willen dazu, wie das immer in der Geschichte so war. In der Bedrängnis stehen wir zusammen, und da entdecken wir plötzlich unsere Kraft, einen Staat, und zwar einen Musterstaat, zu bilden.

THEODOR HERZL

Jugend

Man bleibt jung, solange man noch lernen, neue Gewohnheiten annehmen und einen Widerspruch ertragen kann.

MARIE VON EBNER-ESCHENBACH

O schilt das goldne Jugendalter nicht! Der Kopf ist rasch, allein das Herz ist gut.

FRANZ GRILLPARZER

Irrtum der Jugend: Sie mißt der Zahl ihrer Erlebnisse mehr Gewicht zu als ihrer Tiefe.

HANS HABE

Die Jugend ist glücklich, weil sie fähig ist, Schönheit zu erkennen. Jeder, der sich die Fähigkeit erhält, Schönes zu erkennen, wird nie alt werden.

FRANZ KAFKA

Ewige Jugend ist unmöglich; selbst wenn kein anderes Hindernis wäre, die Selbstbeobachtung machte sie unmöglich.

FRANZ KAFKA

Jugend

Jugend ist die Zeit des Lebensgenusses, die Triumphe des Mannesalters und des Reichtums vorgerückter Jahre bieten keinen Ersatz für eine in genußloser Anstrengung vergeudete Jugend.

JOHANN NEPOMUK NESTROY

Jugend ist nur Erinnerung. An einen, der noch nicht kam.

RAINER MARIA RILKE

Jugend kennt kein Erinnern, Jugend kennt nur ein Vorwärts, ein hastendes, nie rastendes Vorwärts, kaum ein Atemholen.

RICHARD VON SCHAUKAL

Manche Menschen glauben ihrer Jugend deshalb nahe zu sein, weil sie sich dauernd von ihr verabschieden.

WERNER SCHNEYDER

Worin besteht denn eigentlich die Seligkeit der Jugend? – Ach, in ihrer Unwissenheit.

FRANZ STELZHAMER

Nichts ist dem vergeßlichen Wesen, dem Menschen, vielleicht so fremd wie die eigene Jugend.

STEFAN ZWEIG

Jungfrau

Als normal gilt, die Virginität im allgemeinen zu heiligen und im besonderen nach ihrer Zerstörung zu lechzen.

KARL KRAUS

Das Virginitätsideal ist das Ideal jener, die entjungfern wollen.

KARL KRAUS

Junggeselle

Ein Junggeselle ist ein Mann, der für Liebe mit Fersengeld zahlt.

SENTA BERGER

Man muß unterscheiden zwischen Ehemännern und verheirateten Junggesellen.

ERIKA PLUHAR

Junggesellen wissen, daß man einer Frau nicht zu lange den Hof machen darf, weil man ihn sonst kehren muß.

PETER WECK

Jurist

Begreiflich, daß man Juristen im höheren Postdienst verwendet. Ich verstehe am Ende noch, daß man ihnen die leitenden Stellen im Sanitätswesen einräumt. Die richterliche Laufbahn aber sollte den Juristen bestimmt verschlossen sein.

ALEXANDER RODA RODA

Justiz

Prozesse sind die Blumen, die am üppigsten auf den Gräbern reicher Leute blühen.

JOHANN NEPOMUK NESTROY

Kabarettist

Kabarettisten sind wie Florettfechter: Kaum gibt man sich eine Blöße, gleich fangen sie an zu sticheln.

MAXI BÖHM

Der Kabarettist pudert die Realität mit Arsenik.

GEORG KREISLER

Kälte

Wer Kälte ausstrahlt, der kann nur Kälte erwarten.

STEFAN ZWEIG

Kaffeehaus

So leben wir alle Tage. Nämlich im Kaffeehaus. Von acht Uhr früh bis zwei Uhr nachts spielt sich hier ein wesentlicher Teil des Wiener Lebens ab. Hier werden die Meinungen gebildet, die Gemeinplätze und manchmal auch die Gemeinheiten.

LUDWIG HIRSCHFELD

Was ist ein Kaffeehausliterat? Ein Mensch, der Zeit hat, im Kaffeehaus über das nachzudenken, was die anderen draußen nicht erleben.

ANTON KUH

Seit zehn Jahren sitzen die zwei jeden Tag stundenlang, ganz allein, im Kaffeehaus. Das ist eine gute Ehe! Nein, das ist ein gutes Kaffeehaus.

ALFRED POLGAR

Aber unsere beste Bildungsstätte für alles Neue blieb das Kaffeehaus.

STEFAN ZWEIG

Kampf

Ein Kampf, der nicht mit geistigen Waffen allein geführt wird, ekelt mich. Der tote Gegner bezeugt nichts als seinen Tod.

ELIAS CANETTI

Kampf

Eines der wirksamsten Verhütungsmittel des Bösen ist die Aufforderung zum Kampf.

FRANZ KAFKA

Kannibale

Man möchte manchmal Kannibale sein, nicht um den oder jenen aufzufressen, sondern um ihn auszukotzen.

JOHANN NEPOMUK NESTROY

Karriere

Als Sohn eines berühmten Vaters hat man erst dann wirklich Karriere gemacht, wenn die Leute den Vater fragen, wie es dem Sohn geht.

HANS HASS

Wer andern keine Grube gräbt, fällt selbst hinein.

KARL KRAUS

Karriere ist ein Pferd, das ohne Reiter vor dem Tor der Ewigkeit anlangt.

KARL KRAUS

Der Beginn einer Karriere ist ein Geschenk der Götter. Der Rest ist harte Arbeit.

FRITZI MASSARY

Wenn Karrieren schwindelnde Höhen erreichen, ist der Schwindel meistens nicht mehr nachzuweisen.

WERNER SCHNEYDER

Wie tief sinken viele, um zu steigen.

DANIEL SPITZER

Kellner

Wenn ein Kellner oder eine Kellnerin „Gleich!" sagt, so ist das ein Aufruf an die menschliche Geduld, dem jeder Gast Folge leisten muß.

JOHANN NEPOMUK NESTROY

Kennenlernen

Es gibt die wunderbaren Tangos und langsamen Walzer, bei denen man einander kennenlernt und bei denen man auseinandergeht. Aber noch viel öfter lernt man einander kennen, wenn kein Tango zur Stelle ist, und den wenigsten wird ein Walzer zum Abschied gespielt.

INGEBORG BACHMANN

Kenntnis

Einen Menschen kennen heißt sein Wollen fühlen.

BRUNO ERTLER

Wer Gott und die Welt kennt, kennt beide nicht.

KARL HEINRICH WAGGERL

Jede Erkenntnis ist Erlösung. Jede Erkenntnis ist Wiedergeburt.

OTTO WEININGER

Kind

Vielleicht ist kein einziger Mensch es wert, ein Kind zu haben.

ELIAS CANETTI

Kinder schauen mehr auf das, was die Eltern tun, als was sie sagen.

MARIE VON EBNER-ESCHENBACH

Verwöhnte Kinder sind die unglücklichsten; sie lernen schon in jungen Jahren die Leiden der Tyrannen kennen.

MARIE VON EBNER-ESCHENBACH

Je weniger man von seiner Kindheit hatte, desto kindischer wird man im Alter.

HANS HABE

Kindspech ist eben das, womit man auf die Welt kommt.

KARL KRAUS

Wir finden der Kinder Leiden klein, ohne zu bedenken, wie kleinlich wir oft in unserem Leiden sind.

JOHANN NEPOMUK NESTROY

Aber aus Kindern werden Königinnen.

RAINER MARIA RILKE

Vor Gott muß man sich beugen, weil er so groß ist, vor dem Kinde, weil es so klein ist.

PETER ROSEGGER

Ein Kind ist ein Buch, aus dem wir lesen und in das wir schreiben sollen.

PETER ROSEGGER

Aus der Art, wie das Kind spielt, kann man erahnen, wie es als Erwachsener seine Lebensaufgabe ergreifen wird.

RUDOLF STEINER

Je älter der Mensch wird, desto mehr blickt er in die Zukunft, nicht nur in die Vergangenheit. Das Kind hat gar kein Verhältnis zu seiner Zukunft.

OTTO WEININGER

Was ein Mensch in seiner Kindheit aus der Luft der Zeit in sein Blut genommen, bleibt unausscheidbar.

STEFAN ZWEIG

Es bleibt ein typischer psychologischer Fehler von Eltern, immer als die letzten zu bemerken, daß ihre Kinder längst schon geistig selbständig erwachsene Menschen sind.

STEFAN ZWEIG

Kinderkrankheit

Die Kinderkrankheiten der Seele brechen erst bei den Erwachsenen aus.

HANS WEIGEL

Kinderreichtum

Wenn einer zwölf Kinder in die Welt setzt, soll er sich nicht wundern, wenn acht ununterbrochen sitzen.

WERNER SCHNEYDER

Kino

Im Kino erfährt man viel über die Liebe, vorausgesetzt, daß man sich nicht vom Film ablenken läßt.

KARL FARKAS

Klar

Alles, was sich aussprechen läßt, läßt sich klar aussprechen.

LUDWIG WITTGENSTEIN

Klatsch

Klatsch ist bei Frauen so beliebt, weil sie dabei jemandem ans Zeug flicken können, ohne eine Nadel in die Hand nehmen zu müssen.

KARL FARKAS

Frauen lieben es gar nicht, Klatsch weiterzuerzählen. Sie wissen nur nicht, was sie sonst damit tun sollen.

ROMY SCHNEIDER

Kleidung

Eine richtige Frau wirkt voll bekleidet auf einen Mann anziehender als ein nacktes Weib.

ROMY SCHNEIDER

Kleinbürger

Diesen Kleinbürgern ist schlechthin alles zuzutrauen; vorne haben sie kein Gesicht und im Hinterkopf eine Mördergrube, oft auch ein von Bosheit tolles Affenhaus.

HEIMITO VON DODERER

Klugheit

Von einem bestimmten Alter an erscheint jeder kluge Mensch gefährlich.

ELIAS CANETTI

Die Klugen sind nicht treu.

MARIE VON EBNER-ESCHENBACH

Die gescheiten und die dummen Leute erkennt man unter anderem auch daran, daß die dummen das verehren, was in ihrer eigenen Richtung liegt, die gescheiten aber, was sie fühlen, das ihnen abgeht.

FRANZ GRILLPARZER

Klug sein heißt: das Wichtige vom Unwichtigen unterscheiden können.

ALEXANDER RODA RODA

Gott sei Dank, die Menschheit ist noch nicht gänzlich versumpft: kluge Schurken bringen es immer noch zu etwas.

ALEXANDER RODA RODA

Kein Mensch kann gegen sein eigenes Wunschleben klug sein. Er kann nur so tun, als sei er's.

FRANZ WERFEL

Knoblauch

Mit etwas Anstrengung läßt sich alles auf dieser Welt geheimhalten – ausgenommen Knoblauch.

ALEXANDER RODA RODA

Kochen

Alle ausgezeichneten Köchinnen sind schwer abnorm.

SIGMUND FREUD

Können

Jeder Mensch kann alles – aber er muß auch zu allem bereit sein.

ALMA MAHLER-WERFEL

Können

Man muß schon sehr viel können, um nur zu merken, wie wenig man kann.

KARL HEINRICH WAGGERL

Körper

Seinen Organismus als ein lebendig gewordenes, edles Kunstwerk behandeln, betreuen, ist Kultur.

PETER ALTENBERG

Die Funktion der Milz muß ähnlich sein wie die der Notare im Staate: notwendig, aber überflüssig.

KARL KRAUS

Ja, ja – der Körper ist ein hartnäckiger Anbeter des Lebens und lehnt sich auf gegen den Grabesentschluß des Geistes.

JOHANN NEPOMUK NESTROY

Koketterie

Kokettieren heißt Lieder ohne Worte machen.

PETER WECK

Kokotte

Kokotten sind Falschspielerinnen der Liebe.

DANIEL SPITZER

Kollektiv

Was ist ein Kollektiv? Eine Häufung von Nullen, die auf den Individualismus verzichtet haben, aber auf Namensnennung Wert legen.

ANTON KUH

Komik

Alles ist komisch, was ein abgeblitzter Liebhaber tut, mit Ausnahme des Selbstmordes.

FERENC MOLNÁR

Komiker

Komiker nehmen nichts auf der Welt ernst, außer sich selbst.

NIKOLAUS PARYLA

Kommunikation

Aus Mangel an Gesprächsstoff begeht man die gemeinsten Taktlosigkeiten und Indiskretionen.

PETER ALTENBERG

Am unverständlichsten reden die Leute daher, denen die Sprache zu nichts anderem dient als sich verständlich zu machen.

KARL KRAUS

Die Menschheit zerfällt in zwei Teile: der erste drückt sich falsch aus, und der zweite mißversteht es.

ALEXANDER RODA RODA

Kommunist

Die Kommunisten wollen den Klassenkampf gewinnen. Ihre Funktionäre wollen ihn überstehen.

WERNER SCHNEYDER

Kompliment

Ein hübsches Kompliment ist eine glaubwürdige Übertreibung.

PETER ALEXANDER

Ein Kompliment ist ein geglückter Seiltanz zwischen Wahrheit und Übertreibung.

HERMANN BAHR

Kompromiß

Wer die Mitte sucht, muß wissen, daß jede Mitte zwei Seiten hat.

WERNER SCHNEYDER

Konferenz

Ein Konferenzsaal ist ein Ort, wo viele hineingehen und wenig herauskommt.

KARL FARKAS

Konkurrent

Die geschickteste Art, einen Konkurrenten zu besiegen, ist, ihn in dem zu bewundern, worin er besser ist.

PETER ALTENBERG

Konsumentenberatung

Konsumentenberatung ist dazu da, Konsumentenaufklärung zu verhindern.

WERNER SCHNEYDER

Konvenienz

Das größte Unglück des Weisen und das größte Glück des Toren gründen sich auf der Konvenienz.

FRANZ SCHUBERT

Konzentration

Nur völlige Zusammengefaßtheit in eine Richtung schafft vollendete Leistung.

STEFAN ZWEIG

Konzert

Früher gingen die Leute ins Konzert, um Musik zu hören. Heute gehen sie hinein, um Dirigenten zu sehen.

PAUL HÖRBIGER

Korruption

In konformistischen Gesellschaften gilt der Unbestechliche als verdächtig. Nicht nur des Hochmuts. Sondern des Verrats.

GÜNTHER ANDERS

Man müßte sich die Unbestechlichkeit bezahlen lassen.

WERNER SCHNEYDER

Es ist ein merkwürdiges Phänomen, daß immer, wenn eine Hand die andere wäscht, beide Hände noch schmutziger werden.

DANIEL SPITZER

Kosmetik

Kosmetik ist die Lehre vom Kosmos des Weibes.

KARL KRAUS

Kosmopolit

Wenn wir Österreicher auch im Herzen Deutsche sind, so sind wir doch im Knopfloch Kosmopoliten.

DANIEL SPITZER

Kraft

Wenn es einen Glauben gibt, der Berge versetzen kann, so ist es der Glaube an die eigene Kraft.

MARIE VON EBNER-ESCHENBACH

Krankheit

Nicht tödlich, aber unheilbar, das sind die schlimmsten Krankheiten.

MARIE VON EBNER-ESCHENBACH

Die Krankheiten der Menschen verwandeln sich in schreckliche Untugenden oder wunderbare Tugenden.

HANS HABE

Eine der verbreitetsten Krankheiten ist die Diagnose.

KARL KRAUS

Aus einem kranken Reis kann kein hoher Baum kommen, und sei das Reis noch so kostbar.

ALMA MAHLER-WERFEL

Krankheiten sind erträglicher als das zu ihrer Diagnostizierung eingeschlagene Verfahren.

ALEXANDER RODA RODA

Gesunde sind leichtfertig, Kranke sind unvernünftig, Genesene weise.

ALEXANDER RODA RODA

Wenn sich der Tod, zwar unaufhaltsam wie stets, doch mit abgewandtem Antlitz uns nähert, so sprechen wir von Genesung.

ARTHUR SCHNITZLER

Genesen heißt: Mit dem All sich wieder verbinden. Krankheit heißt Einsamkeit.

OTTO WEININGER

Kreativität

Die schöne Tat, das schöne Werk ist nur die Erscheinung des schönen Menschen. Die Form nur der Schatten des Wesens.

HERMANN BAHR

Die Kleinen schaffen, der Große erschafft.

MARIE VON EBNER-ESCHENBACH

Es ist bekannt, daß kreative Gehirne jegliche Art von schlechter Erziehung überleben.

ANNA FREUD

Wen das Wahre nicht erleuchtet und das Gute nicht erlöst von des alten Übels Banden, der wird nie das Schöne schaffen.

FRANZ GRILLPARZER

Jede schaffende Kraft ist verloren, wenn sie sich nicht den Schlüssel zu einer Bank zu gewinnen weiß.

JOHANN NEPOMUK NESTROY

Gott hat das Triebwerk der Schöpfung unserer Torheit entrückt.

KARL HEINRICH WAGGERL

Wir sind ein erfinderisches, kein schöpferisches Geschlecht. Was wir hervorbringen, wird nicht alt, sondern schäbig.

KARL HEINRICH WAGGERL

Nie entscheidet bei einem schöpferischen Menschen, von wo er ausgegangen, sondern einzig, wohin und wie weit er gelangt ist.

STEFAN ZWEIG

Kreuzworträtsel

Ein Optimist ist ein Mann, der Kreuzworträtsel sofort mit dem Kugelschreiber ausfüllt.

KARL FARKAS

Krieg

Der Krieg wird nicht mehr erklärt, sondern fortgesetzt. Das Unerhörte ist alltäglich geworden. Der Held bleibt den Kämpfen fern.

INGEBORG BACHMANN

Der Krieg spielt sich immer so ab, als wäre die Menschheit auf den Begriff der Gerechtigkeit noch überhaupt nie gekommen.

ELIAS CANETTI

Die großen Schlachten werden im kleinen geschlagen – und oft verloren, weil der Mensch nicht merkt, um was es bereits geht: um das Ganze.

FRIEDRICH HEER

Krieg ist zuerst die Hoffnung, daß es einem besser gehen wird, hierauf die Erwartung, daß es dem andern schlechter gehen wird, dann die Genugtuung, daß es dem andern auch nicht besser geht, und hernach die Überraschung, daß es beiden schlechter geht.

KARL KRAUS

Wie wird die Welt regiert und in den Krieg geführt? Diplomaten belügen Journalisten und glauben es, wenn sie's lesen.

KARL KRAUS

Durchaus denkbar, daß der Krieg der Vater aller Dinge ist. Denn der Vater aller Menschen ist er garantiert nicht.

WERNER SCHNEYDER

Krieg

Jeder Krieg wird unter den nichtigsten Vorwänden begonnen, aus guten Gründen weitergeführt und mit den verlogensten Ausreden beschlossen.

ARTHUR SCHNITZLER

Bekanntlich brauchen wir immer einen großen Krieg, um uns von den tiefen Wunden, die uns der Friede geschlagen, zu erholen.

DANIEL SPITZER

Wann wird jene Zeit kommen, in der ein Krieg ebenso ein Unding der Vernunft sein wird, wie ein Trugschluß schon heute ein logisches Unding ist?

ADALBERT STIFTER

Der nächste Krieg wird von einer Furchtbarkeit sein wie noch keiner seiner Vorgänger.

BERTHA VON SUTTNER

Krieg läßt sich mit Vernunft und gerechtem Gefühl nicht koordinieren.

STEFAN ZWEIG

Kriminalität

Die Schurken sind immer praktischer, tüchtiger als die ehrlichen Leute, weil ihnen die Mittel gleichgültig sind.

FRANZ GRILLPARZER

Nicht der Mörder, der Ermordete ist schuldig.

FRANZ WERFEL

Krise

Der Mensch in der Krisis, das ist der Mensch, der seine Sache nicht mehr dem Gespräch anvertraut, weil ihm dessen Voraussetzung, das Vertrauen, verlorengegangen ist.

MARTIN BUBER

Krise

Jede Krise ist ein Geschenk des Schicksals an den schaffenden Menschen.

STEFAN ZWEIG

Kritik

Die Kritik ist von geringer Qualität, die meint, ein Kunstwerk nur dann richtig beurteilen zu können, wenn sie die Verhältnisse kennt, unter denen es entstanden ist.

MARIE VON EBNER-ESCHENBACH

Verneinen darf und kann man eigentlich gar niemanden, man muß jeden zu erklären suchen. Und das ist die wahre Kritik.

ERNST VON FEUCHTERSLEBEN

Ein Rezensent, der zu den passenden Worten immer ein Urteil findet.

KARL KRAUS

Warum denn sachlich, wenn es auch persönlich geht?

ANTON KUH

In Deutschland ist der Erfolg das Abonnement für schlechte Kritiken.

JOHANNES MARIO SIMMEL

Kritiker

Kritiker glauben tatsächlich, man habe nichts anderes zu tun, als ihnen im Schweiß unseres Angesichts ihr täglich Brot zu verdienen.

JOSEPH KAINZ

Ein Kritiker ist ein Mensch, der sehr böse wird, wenn dem Publikum etwas gefällt, was er nicht mag.

HANS WEIGEL

Kritiker

Kritiker – ein Experte, den seine Arbeit nach der Veranstaltung nötigt, bis tief in die Nacht aufzubleiben, weshalb er zum Vorrats-Schlaf während der Veranstaltung neigt.

HANS WEIGEL

Für Kritiker gilt der Grundsatz: Hunde, die bellen, beißen nicht.

HANS WEIGEL

Kritiker sind Leute, die zum Tode verurteilen, damit sie begnadigen können.

OSKAR WERNER

Künstler

Künstler wird nur, wer sich vor seinem eigenen Urteil fürchtet.

LUDWIG ANZENGRUBER

Künstler haben gewöhnlich die Meinung von uns, die wir von ihren Werken haben.

MARIE VON EBNER-ESCHENBACH

Nichts Besseres kann der Künstler sich wünschen als grobe Freunde und höfliche Feinde.

MARIE VON EBNER-ESCHENBACH

Wenn man die Arbeitskraft eines Künstlers rühmt, so ist das geradeso, wie wenn man den Materialwert eines Kunstwerks preist.

EGON FRIEDELL

Die ausgezeichneten Künstler sind es, die die Kunst verderben, wenn sie sich individuellen Richtungen mit zu großer Vorliebe hingeben.

FRANZ GRILLPARZER

Sicheres Zeichen, daß einer kein Künstler ist: wenn er das Gerede von der Endzeit mitmacht.

PETER HANDKE

Jeder kann das Halbe tun, nur der Künstler nicht.

RUDOLF HENZ

So lieb ist der liebe Gott nun auch wieder nicht, daß er dem, der keinen Inhalt hat, die Form schenkt.

ALFRED HRDLICKA

Künstler haben das Recht, bescheiden, und die Pflicht, eitel zu sein.

KARL KRAUS

Wenn ein Künstler Konzessionen macht, so erreicht er nicht mehr als der Reisende, der sich im Ausland durch gebrochenes Deutsch verständlich zu machen sucht.

KARL KRAUS

Der Künstler ist ein Diener am Wort.

KARL KRAUS

Das sind die großen Künstler. Wenn's ans Leben geht, sind sie samt und sonders Dilettanten. Alles fließt in das Werk.

ALMA MAHLER-WERFEL

Eine Frau wird neben einem bedeutenden Künstler immer zu kurz kommen.

ALMA MAHLER-WERFEL

Auch schlechte Künstler haben gute Gründe und Absichten.

ROBERT MUSIL

Künstler

Der Fluch des Künstlers: sein Leben lang beurteilt werden von Leuten, die weniger Phantasie, Geschmack und Herz haben als er.

ALEXANDER RODA RODA

Der Künstler findet mit seinen Formen auch seine Stoffe, und er findet sie sehr leicht, weil sie ihm überall begegnen.

ADALBERT STIFTER

Der Künstler darf eher etwas Minderwertigeres schaffen als der Philosoph. Denn er ist vom Moment abhängiger als dieser.

OTTO WEININGER

Ursinn der künstlerischen Unrast ist nicht die Befriedigung des schon Gekonnten, schon Dagewesenen in souveräner, virtuoser Weise, sondern vielmehr das mühselige Suchen eines neuen Weges neben den vielen ausgefahrenen, als Bestätigung der eigenen Notwendigkeit und Nützlichkeit innerhalb der schöpferischen Ganzheit.

FRITZ WOTRUBA

Nur wo wahrer Enthusiasmus für die Kunst besteht, fühlt sich der Künstler wohl; nur wo man von der Kunst viel fordert, gibt sie viel.

STEFAN ZWEIG

Kultur

Unsere Kultur besteht aus drei Schubfächern, von denen zwei sich schließen, wenn eines offen ist: aus Arbeit, Unterhaltung und Belehrung.

KARL KRAUS

Wenn die Sonne der Kultur niedrig steht, werfen selbst Zwerge lange Schatten.

KARL KRAUS

Kultur

Dem Plebejer ist die Ansichtskarte wichtiger als die Landschaft.

ANTON KUH

Die versinkende Kultur der Gegenwart klammert sich an den Strohhalm, aus dem man den Cocktail schlürft.

ANTON KUH

Kultur ist das Bleibende, die Ewigkeitsperspektive eines Volkes.

JOSEPH MARX

Die Kultur: Gras, das immer wieder niedergetreten wird und sich wieder aufrichtet.

ROBERT MUSIL

Der Standpunkt einer Kultur ist immer der Standpunkt ihrer Menschlichkeit.

ADALBERT STIFTER

Kunst

Echte Kunst hat immer Moral, nur die Zuhörer und Beschauer haben oft keine.

LUDWIG ANZENGRUBER

Es gibt in der Kunst keinen Fortschritt in der Horizontale, sondern nur immer das neue Aufreißen einer Vertikale.

INGEBORG BACHMANN

Wenn sie eine neue Möglichkeit ergreift, gibt die Kunst uns die Möglichkeit zu erfahren, wo wir stehen oder wo wir stehen sollten, wie es mit uns bestellt ist und wie es mit uns bestellt sein sollte. Denn ihre Entwürfe entstehen nicht im luftleeren Raum.

INGEBORG BACHMANN

Wenn der Kunst kein Tempel mehr offen steht, dann flüchtet sie in die Werkstatt.

MARIE VON EBNER-ESCHENBACH

Natur ist Wahrheit, Kunst die höchste Wahrheit.

MARIE VON EBNER-ESCHENBACH

Die Kunst ist im Niedergang begriffen, die sich von der Darstellung der Leidenschaft zu der des Lasters wendet.

MARIE VON EBNER-ESCHENBACH

Die Kunst kann nicht trösten; sie verlangt schon Getröstete.

ERNST VON FEUCHTERSLEBEN

Die Kunst ist fast so alt wie der Mensch.

ERNST FISCHER

Kunst wird vom Menschen für Menschen gemacht, ist also ein gesellschaftliches Phänomen.

ERNST FISCHER

Kunst ist, was nicht jeder kann.

ERNST FUCHS

Die Kunst ist eine Metapher für das Unsterbliche.

ERNST FUCHS

Fraglos ist die Kunst nur dem, der sie schafft. Wer ihrer unfähig ist, zieht entweder ihre Notwendigkeit in Zweifel oder leugnet ihre Existenz.

ERNST FUCHS

Die falschen Theorien verderben eigentlich die Kunst nicht, sie kommen erst, wenn sie bereits verdorben ist.

FRANZ GRILLPARZER

Wer durch eine Kunst ausdrücken will, was dieser Kunst versagt ist, der hat keine Ordnung in seinem Kopf, der ist ein Narr.

FRANZ GRILLPARZER

Die Kunst verhält sich zur Natur wie der Wein zur Traube.

FRANZ GRILLPARZER

Kunst ist die Brücke zwischen Mensch und Natur. Kunst ist nicht die Brücke zwischen Mensch und Mensch.

FRIEDENSREICH HUNDERTWASSER

Vor der Wahrheit der Kunst ist die Wirklichkeit nur eine optische Täuschung.

KARL KRAUS

Die Kunst, Frau Circen gleich – bleibt lachend auch die Reine. Doch die sie unrein schauen, verwandeln sie in Schweine.

ANTON KUH

In der Kunst ist alles erlaubt, was Talent und Phantasie vermögen, und der ist der größte Meister, der bei größter Begabung und bei größtem Ernst seiner Kunstbetätigung die originellsten und tiefsten Wirkungen erzielt.

JOSEPH MARX

Was ist Kunst? Das humanistische Ideal.

ROBERT MUSIL

Die Kunst ist und bleibt einmal eine Leidenschaft.

JOHANN NEPOMUK NESTROY

Kunst

Gott hat die Welt erschaffen, aber der Mensch hat sich eine zweite Welt erschaffen, die Kunst.

MAX REINHARDT

Die Frage nach der Kunst ist für die einen eine Preisfrage, für die anderen eine Frage des Preises.

WERNER SCHNEYDER

In der Kunst sollte es keine Aufgeregtheit geben. Wahre Kunst ist kalt.

ARNOLD SCHÖNBERG

Kunst kommt nicht von Können, sondern von Müssen.

ARNOLD SCHÖNBERG

Die Kunst ist eine hohe Dame. Sei also nicht ungezogen und warte, bis du angesprochen wirst.

KARL HEINRICH WAGGERL

Nicht die Erschauung der Wirklichkeit, sondern die Selbstverherrlichung des Menschen ist der Antrieb der Kunst.

FRANZ WERFEL

Die Kunst duldet keine Vorbehalte, sondern fordert und ist ein einziges großes, freudig-schmerzliches und immer bedingungsloses Opfer.

ANTON WILDGANS

Kunstwerk

Ein Kunstwerk, das mitten aus dem Leben gegriffen ist, fehlt dort.

WERNER SCHNEYDER

Ein Kunstwerk entsteht nicht, indem es gemacht wird, sondern indem es wirkt.

KARL HEINRICH WAGGERL

Kunstwerk

Je größer das Kunstwerk, desto weniger Zufall darf darin sein.

OTTO WEININGER

Große Kunstwerke sind wie kostbare Gefäße, sie wandern von Zeitalter zu Zeitalter, von Völkern zu Völkern. Sie würden veralten und niemals die Grenzen ihres Sprachgebietes verlassen, wenn nicht immer wieder neue Zeiten, neue Generationen, neue Völker ihren geistigen Fassungsraum, ihre ästhetische, aber durch Zeit und Persönlichkeit bedingte Form mit neuem Herzblut füllten.

ANTON WILDGANS

Nicht Umfang und Gewicht verleihen Kunstwerken ihre innere Beständigkeit.

STEFAN ZWEIG

Kuß

Der erste Kuß kommt immer zu früh und nie zu spät.

PETER ALTENBERG

Ein Kuß ist der Versuch, unter möglichst intensiver Benützung der Lippen gemeinsam zu schweigen.

SENTA BERGER

Der Kuß ist nichts anderes als eine Weiterentwicklung der Nahrungsübertragung von Schnabel zu Schnabel, wie es bei Vögeln üblich ist.

IRENÄUS EIBL-EIBESFELDT

Ein Kuß ist der gegenseitige Austausch von Bakterienkulturen, allerdings nicht zu Forschungszwecken.

KARL FARKAS

Sprachlos ist eine Frau nur dann, wenn man sie küßt.

HELMUT LOHNER

Lächeln

Im Lächeln liegt Weisheit; denn das Lächeln der Lippen weckt das Lächeln der Seele.

RICHARD VON COUDENHOVE-CALERGI

Das Lächeln ist nur ein gut getrocknetes Weinen.

ALBERT PARIS GÜTERSLOH

Man grinst immer, wenn man neue Bekanntschaften macht.

JOHANN NEPOMUK NESTROY

Lachen

Lustige Leute lachen machen ist kein Verdienst, aber die Falten ernster Stirnen glätten halte ich für eines.

LUDWIG ANZENGRUBER

Das Paradies öffnet sich nur dem Lachenden.

AUS TIROL

Das Weinen ist dem Menschen angeboren, aber das Lachen will gelernt sein.

MAX PALLENBERG

Auch der Kampf gegen die Traurigkeit ist eine Tugend. Lache die Welt aus und vertraue auf Gott.

JOHANN MICHAEL SAILER

Wer zuletzt lacht, bleibt verhallend mit sich allein.

RICHARD VON SCHAUKAL

Lampenfieber

Die neue Schauspielkunst: Dilettanten ohne Lampenfieber.

KARL KRAUS

Land

Das Leben auf dem Lande ist ein reich belohnendes. Seid ihr auch abgeschieden von der Welt und kommt wenig mit fremden Menschen zusammen, so findet ihr doch in eurer nutzenbringenden Tätigkeit, im engen Verkehr mit euren Angehörigen, ein Glück, das nicht genug zu schätzen ist.

ADALBERT STIFTER

Ich habe die Beobachtung gemacht, daß geistig orientierte und belastete Menschen das Landleben als Kontrast ersehnen; das Land, die Erde, die Natur aber ist spröde und spendet Entzückungen zwar, doch nicht dauernde Erfüllung und Befriedigung ... Das Land als Umgebung für geistige Arbeit ist natürlich unendlich segensreich.

ANTON WILDGANS

Langeweile

Wenn Langeweile die Welt ohne Mittelpunkt ist, so ist Warten das Verweilen auf einem Mittelpunkt ohne Welt.

HEIMITO VON DODERER

Es ist schlimm, wenn zwei Eheleute einander langweilen. Viel schlimmer jedoch ist es, wenn nur einer von ihnen den anderen langweilt.

MARIE VON EBNER-ESCHENBACH

Steril ist der, dem nichts einfällt. Langweilig ist, wer ein paar alte Gedanken hat, die ihm alle Tage neu einfallen.

MARIE VON EBNER-ESCHENBACH

Langeweile ist eine Halbschwester der Verzweiflung.

MARIE VON EBNER-ESCHENBACH

Laster

Wer das Laster nicht kennt, braucht auch von der Tugend nichts zu wissen.

LUDWIG ANZENGRUBER

Laster Das Laster reizt den Unschuldigen, die Unschuld den Lasterhaften.

DANIEL SPITZER

Leben Das Leben hat nicht mehr Wert, als wir ihm geben.

LUDWIG ANZENGRUBER

Das ganze Leben ist der Versuch, es zu behalten.

INGEBORG BACHMANN

Laß das lange Vorbereiten, fang dein Leben an beizeiten.

EDUARD VON BAUERNFELD

Ich will dem Schicksal in den Rachen greifen, ganz niederbeugen soll es mich gewiß nicht. – O, es ist so schön, das Leben tausendmal zu leben!

LUDWIG VAN BEETHOVEN

Gefahr des langen Lebens: daß man vergißt, wofür man gelebt hat.

ELIAS CANETTI

Wird dann, bei sehr verlängertem Leben, der Tod als Ausweg verschwinden?

ELIAS CANETTI

Das Leben der meisten Menschen besteht schließlich nur noch aus Anweisungen, die sie sich oder anderen sinnlos geben.

ELIAS CANETTI

Abgeschrieben kann das Leben nie werden, dazu ist es zu reich.

MARIE VON EBNER-ESCHENBACH

Daß alles vergeht, weiß man schon in der Jugend; aber wie schnell alles vergeht, erfährt man erst im Alter.

MARIE VON EBNER-ESCHENBACH

Das ganze Geheimnis, sein Leben zu verlängern, besteht darin: es nicht zu verkürzen.

ERNST VON FEUCHTERSLEBEN

Das Leben ist kein Traum. Es wird nur zum Traume durch die Schuld des Menschen, dessen Seele dem Ruf des Erwachens nicht folgt.

ERNST VON FEUCHTERSLEBEN

Leben ist ja doch des Lebens höchstes Ziel.

FRANZ GRILLPARZER

Alles Gelebte schmeckt sonderbar und gräßlich wie Brackwasser: Tod und Leben gemischt.

HUGO VON HOFMANNSTHAL

Es ist ein entscheidender Unterschied, ob Menschen sich zu andern als Zuschauer verhalten können oder ob sie immer Mitleidende, Mitfreudige, Mitschuldige sind: dieses sind die eigentlich Lebenden.

HUGO VON HOFMANNSTHAL

Das ganze Leben ist ein ewiges Wiederanfangen.

HUGO VON HOFMANNSTHAL

Das Leben ist eine fortwährende Ablenkung, die nicht einmal zur Besinnung darüber kommen läßt, wovon sie ablenkt.

FRANZ KAFKA

Leben ist kein Stilleben.

OSKAR KOKOSCHKA

Man lebt nicht nur einmal einmal.

KARL KRAUS

Bevor man das Leben über sich ergehen läßt, sollte man sich narkotisieren lassen.

KARL KRAUS

Es ist nicht wahr, daß man ohne eine Frau nicht leben kann. Man kann bloß ohne eine Frau nicht gelebt haben.

KARL KRAUS

Das Leben ist eine Anstrengung, die einer besseren Sache würdig wäre.

KARL KRAUS

Wie viel erlebte ich früher! Wie schleicht mein Leben jetzt dahin!

ALMA MAHLER-WERFEL

Ich liebe mein Leben. Und ich kann nichts bereuen.

ALMA MAHLER-WERFEL

Das Leben will von uns, daß wir uns als Mittelpunkt fühlen. Das Leben will aus lauter Mittelpunkten bestehen.

MAX MELL

Ich möcht' so leben können, wie ich leb'!

JOHANN NEPOMUK NESTROY

Lang leben will halt alles, aber alt werden will kein Mensch.

JOHANN NEPOMUK NESTROY

Für die meisten ist das Leben wie schlechtes Wetter: sie treten unter und warten, bis es vorüber ist.

ALFRED POLGAR

Du mußt das Leben nicht verstehen. Dann wird es werden wie ein Fest.

RAINER MARIA RILKE

So wie ein Traum scheint's zu beginnen, und wie ein Schicksal geht es aus.

RAINER MARIA RILKE

Das Leben ist ein Witzblatt: bunt und langweilig.

ALEXANDER RODA RODA

Unser Leben besteht aus lauter Tagen, die zu lang oder zu kurz sind.

ALEXANDER RODA RODA

Das Leben ist eine Schmierenaufführung; vorher nicht geprobt und elend ausgestattet.

ALEXANDER RODA RODA

Das Dasein ist köstlich, man muß nur den Mut haben, sein eigenes Leben zu führen.

PETER ROSEGGER

Und wenn man nicht mehr lieben und hassen darf – wo bleibt dann der Reiz des Lebens?

ARTHUR SCHNITZLER

Wer das Leben noch als schön preist und die Menschen als gut, ist entweder ein Schwachkopf oder einer, vor dem man auf der Hut sein muß.

WALTER SERNER

Das Leben sollte ein freier Spaziergang sein, durch die Marschroute der Verhältnisse aber wird eine lästige Geschäftsreise daraus.

FRANZ STELZHAMER

Leben Vielleicht ertragen wir das Leben nur deshalb, weil wir immer noch hoffen, uns einmal grandios selbst überraschen zu können.

FRANZ WERFEL

Je mehr ein Mensch seiner Zeit lebt, um so mehr stirbt er mit ihr.

STEFAN ZWEIG

Lebenserwartung Die Lebenserwartung wird immer größer, und was man vom Leben erwarten darf, immer kleiner.

HANS HABE

Lebensfreude Wer seine Lebensfreude wiederzugewinnen sucht, für den ist Vergebung die wichtigste Aufgabe und zugleich der Weg, inneren Frieden zu erlangen.

MARIE VON EBNER-ESCHENBACH

Die Lebensfreude besteht nicht im Lebensgenusse, sondern in der Lebensbetätigung.

WILHELM FISCHER

Lebenskunst Lebenskunst ist ganz einfach, auf der Lauer liegen seiner eigenen Natur, es ausfindig machen, was ihr frommt, es noch ausfindiger machen, was ihr schadet.

PETER ALTENBERG

Eine Kunst, das Leben zu verlängern? Lehrt den, der es kennengelernt hat, lieber die Kunst, es zu ertragen.

ERNST VON FEUCHTERSLEBEN

Einmal sollte man nur so zur Probe leben dürfen; und dann noch einmal – richtig.

ALEXANDER RODA RODA

Lebensweisheit

Lebensweisheit ist: richtige, wichtige Augenblicke seines Daseins niemals zu verpassen.

PETER ALTENBERG

Leiden

Ich habe mir vorgenommen, die Menschen nicht mehr ernst zu nehmen, aber ich werde diesem Vorsatz stets untreu, wenn ich sie leiden sehe.

LUDWIG ANZENGRUBER

Leid ist manchmal leichter zu ertragen als Verdruß.

MARIE VON EBNER-ESCHENBACH

Kein Leiden braucht so viel Teilnahme und findet so wenige wie das selbstverschuldete.

MARIE VON EBNER-ESCHENBACH

Liebe alle Menschen, der Leidende aber sei dein Kind.

MARIE VON EBNER-ESCHENBACH

Was ist das für ein armes Leben, das nicht reich an Leiden war?

MARIE VON EBNER-ESCHENBACH

Niemals sind wir ungeschützter gegen das Leiden, als wenn wir lieben.

SIGMUND FREUD

Das Glück trennt die Menschen, aber das Leid macht sie zu Brüdern.

PETER ROSEGGER

Man kann eine Frau zuverlässig von jedem eingebildeten Leiden befreien, indem man behauptet, es sei eine Alterserscheinung.

ARTHUR SCHNITZLER

Leidenschaft

Kein Toter ist so gut begraben wie eine erloschene Leidenschaft.

MARIE VON EBNER-ESCHENBACH

Leidenschaft, die uns nicht hinreißt, widert uns an.

MARIE VON EBNER-ESCHENBACH

Das Leidenschaftliche ist immer unweise.

STEFAN ZWEIG

Es ist der Sinn aller Leidenschaften, daß sie einmal ermüden.

STEFAN ZWEIG

Leistung

Es hat noch niemand etwas Ordentliches geleistet, der nicht etwas Außerordentliches leisten wollte.

MARIE VON EBNER-ESCHENBACH

Jede künstlerische Leistung ist ein Sieg über die menschliche Trägheit.

HERBERT VON KARAJAN

Alles Große, das Menschen je geleistet, geht aus der Einsamkeit, aus der Vertiefung geistigen Schauens hervor.

PETER ROSEGGER

Der bedeutende Mensch weist sich durch Leistungen, der große vor allem durch sein Dasein aus. Aber war es seine Art, sich damit zu begnügen, so war er nicht groß.

ARTHUR SCHNITZLER

Mir ist an jeder achtbaren Leistung das ehrwürdig, was daran fehlt.

KARL HEINRICH WAGGERL

Leute, die im kleinen nichts leisten, bilden sich gerne ein, sie seien für etwas Größeres geboren. — **Leistung**

KARL HEINRICH WAGGERL

Verloren ist jeder Tag, an dem wir nicht Nützliches gelernt haben. — **Lernen**

LUDWIG VAN BEETHOVEN

Lernen kann man stets nur von jenem, der seine Sache liebt, nicht von dem, der sie ablehnt.

MAX BROD

Wer nicht mehr strebt, wer nicht mehr lernt, der lasse sich begraben!

ERNST VON FEUCHTERSLEBEN

Lerne nicht mehr als du unbedingt brauchst, um durchs Leben zu kommen.

KARL KRAUS

Er war ein Lebemann, das heißt, er hatte nie etwas gelernt.

DANIEL SPITZER

Lesen ist Mühsal, Schreiben dagegen reinstes Vergnügen. — **Lesen**

GÜNTHER ANDERS

Jeder Leser ist, wenn er liest, nur ein Leser seiner selbst.

INGEBORG BACHMANN

Erst die Lektüre vollendet das Werk.

INGEBORG BACHMANN

Wo nehme ich nur all die Zeit her, so viel nicht zu lesen?

KARL KRAUS

Lesen

Ach, wie gut ist es doch, unter lesenden Menschen zu sein. Warum sind sie nicht immer so? Du kannst hingehen zu einem und ihn leise anrühren: Er fühlt nichts.

RAINER MARIA RILKE

Was der Leser auch kann, das überlaß dem Leser.

LUDWIG WITTGENSTEIN

Leserbrief

Der Schreibtischtäter unserer Jahre ist der Leserbrieftäter.

WERNER SCHNEYDER

Leute

Leute, die sich gehenlassen, sollte man lieber laufen lassen.

LORE KRAINER

Liebe

Liebe ist – Sehnsucht nach irgend etwas, das noch nicht da ist!

PETER ALTENBERG

Die schrecklichsten Abgründe öffnen sich, wenn zwei Menschen sich wirklich gern haben. Denn da merken sie erst alles, was trotzdem nicht stimmt.

PETER ALTENBERG

Wenn ich mal so dasitze und warte und warte und nervös werde – das ist Liebe.

PETER ALTENBERG

Liebe ist nichts anderes als Seiltanz von Amateuren ohne Balancierstange und ohne Netz.

PETER ALTENBERG

Ich glaube, daß die Liebe auf der Nachtseite der Welt ist, verderblicher als jedes Verbrechen, als alle Ketzereien.

INGEBORG BACHMANN

Die Liebe ist ein Versprechen, das andere halten werden.

SENTA BERGER

Liebe ist eine Komposition, bei der die Pausen genauso wichtig sind wie die Musik.

SENTA BERGER

Es gibt immer einen Besiegten in der Liebe: den, der mehr liebt.

FRANZ BLEI

Zu lieben mag wohl eine Lust sein, aber ein Vergnügen ist es nie: genauso wie das Leben.

FRANZ BLEI

Das Glück der Liebe ist zu lieben, nicht geliebt zu werden.

FRANZ BLEI

Die Liebe ist das Werk der Jugend. Dennoch lohnt es sich, es im Alter noch einmal zu kopieren.

FRANZ BLEI

Es ist nicht das schöne Gesicht, das man liebt, es ist das Gesicht, das man zerstört hat.

ELIAS CANETTI

Es ist nicht wahr, daß Liebe blind macht: Liebe, Liebe allein macht sehend, hellsehend.

RICHARD VON COUDENHOVE-CALERGI

Die Liebe hat nicht nur Rechte, sie hat auch immer recht.

MARIE VON EBNER-ESCHENBACH

Es gibt Frauen, die ihre Männer mit einer ebenso blinden, schwärmerischen und rätselhaften Liebe lieben wie Nonnen ihr Kloster.

MARIE VON EBNER-ESCHENBACH

Die allerstillste Liebe ist die Liebe zum Guten.

MARIE VON EBNER-ESCHENBACH

An Rheumatismen und an wahre Liebe glaubt man erst, wenn man davon befallen ist.

MARIE VON EBNER-ESCHENBACH

Die meisten Menschen brauchen mehr Liebe, als sie verdienen.

MARIE VON EBNER-ESCHENBACH

Die Liebe überwindet den Tod – aber es kommt vor, daß eine kleine üble Gewohnheit die Liebe überwindet.

MARIE VON EBNER-ESCHENBACH

Liebe ist Qual, Lieblosigkeit ist Tod.

MARIE VON EBNER-ESCHENBACH

Liebe ist wie Schach: Manchmal spielt man blind, manchmal simultan – und immer ist die Dame die stärkste Figur.

KARL FARKAS

Es ist Unsinn, sagt die Vernunft. Es ist, was es ist, sagt die Liebe.

ERICH FRIED

Liebe ist zumeist ein Kontrakt, den zwei Eitelkeiten miteinander schließen: wobei gewöhnlich eine Partei die überfordernde ist.

EGON FRIEDELL

Liebe ist das probateste Mittel, das Schamgefühl zu überwinden.

SIGMUND FREUD

Niemals sind wir ungeschützter gegen das Leiden, als wenn wir lieben.

SIGMUND FREUD

Das eben ist der Liebe Zaubermacht,
daß sie veredelt, was ihr Hauch berührt,
der Sonne ähnlich, deren goldner Strahl
Gewitterwolken selbst in Gold verwandelt.

FRANZ GRILLPARZER

Die Liebe auf den ersten Blick in dieser Welt ist ein unvollkommener Versuch, sofort und gemeinsam zu erlöschen.

ALBERT PARIS GÜTERSLOH

Es gibt keine vernünftigere Regung als die Liebe.

MARLEN HAUSHOFER

Lieben und für ein anderes Wesen sorgen ist ein sehr mühsames Geschäft und viel schwerer, als zu töten und zu zerstören.

MARLEN HAUSHOFER

Eine Flaumfeder kann einen Kieselstein rund schleifen, sofern sie von der Hand der Liebe geführt wird.

HUGO VON HOFMANNSTHAL

Die Liebe und ihre Umkehrung, der Haß, sind darum das eigentliche Studium des Lebens, weil sie allein aus den anderen Individuen die Konsequenzen ziehen.

HUGO VON HOFMANNSTHAL

Jeder Mensch begegnet einmal dem Menschen seines Lebens, aber nur wenige erkennen ihn rechtzeitig.

GINA KAUS

In der Liebe kommt es nur darauf an, daß man nicht dümmer erscheint, als man gemacht wird.

KARL KRAUS

Die Liebe ist das einzige Märchen, das mit keinem „es war einmal" beginnt – aber schließt.

HANS LOHBERGER

In der Liebe muß ein Mann nicht bis drei zählen können. Es ist sogar besser, wenn er nur bis zwei zählen kann.

LOUISE MARTINI

Eine Liebesbeziehung kann man zerreden. Zerschweigen kann man sie nicht.

ROBERT MUSIL

Die Lieb', das ist die Königin, die am meisten anrichtet in der Welt.

JOHANN NEPOMUK NESTROY

Liebe: ein privates Weltereignis.

ALFRED POLGAR

Liebe ist die Unzurechnungsfähigkeit der Zurechnungsfähigen.

ALFRED POLGAR

Darin besteht die Liebe: daß sich zwei Einsame beschützen und berühren und miteinander reden.

RAINER MARIA RILKE

Liebe läßt sich nicht widerlegen.

RICHARD VON SCHAUKAL

Liebe lebt, Liebe stirbt. Keiner weiß, woran.

MARIA SCHELL

Liebe stirbt am ständig Baumwollenen.

GERTI SENGER

Die Liebe einer Frau kannst du dir durch mancherlei verscherzen: durch Vertrauen und Mißtrauen, durch Nachgiebigkeit und Tyrannei, durch zu viel und durch zu wenig Zärtlichkeit – durch alles und durch nichts.

ARTHUR SCHNITZLER

Du hast verstanden? Du hast verziehen? Du hast vergessen? Welch ein Mißverständnis – du hast nur aufgehört zu lieben.

ARTHUR SCHNITZLER

Lieben ist: in jeder Stunde neu sich erringen müssen, was man liebt; bereit sein zu verzichten, wenn es das Schicksal will.

ARTHUR SCHNITZLER

Wir wissen immer nur, wie eine Frau uns liebt, aber wir erfahren nie, wie sie einen anderen lieben könnte.

ARTHUR SCHNITZLER

Wohin geht die Liebe, wenn sie geht?

BRIGITTE SCHWAIGER

Nur der ist reich, der geliebt wird und lieben darf.

ADALBERT STIFTER

Liebe

Glückliche Liebe: Ein Krug, der solange zum Freudenbrunnen geht, bis er bricht.

BERTHA VON SUTTNER

Liebe immer, wenn nicht jemand, so doch etwas.

KARL HEINRICH WAGGERL

Wie leicht wird Liebe lästig, manchmal schon, wenn sie beginnt, und immer, wenn sie endet.

KARL HEINRICH WAGGERL

Es gäbe wenig Liebe in der Welt. Wenn sie nur dem geschenkt werden könnte, der sie verdient.

KARL HEINRICH WAGGERL

Liebe ist Mord.

OTTO WEININGER

Liebe – der größte Fehlbetrag unserer Zeit.

FRANZ WERFEL

Es gibt nichts Wundervolleres auf dieser Welt als Liebe zwischen zwei Menschen.

BARBARA WUSSOW

Niemand ist fort, den man liebt. Liebe ist ewige Gegenwart.

STEFAN ZWEIG

Liebesbrief

Die schönsten Liebesbriefe sind die geflüsterten.

SENTA BERGER

Liebhaber

Es gibt keine guten Liebhaber. Es gibt höchstens Männer, mit denen es völlig hoffnungslos ist, und einige, mit denen es nicht ganz so hoffnungslos ist.

INGEBORG BACHMANN

Liebhaber

Daß ältere Männer bessere Liebhaber seien, ist eine Illusion. Daß ältere Frauen bessere Liebhaberinnen sind, ist eine Tatsache.

HANS HABE

Lieblingswort

Im Gebrauch ihrer Lieblingsworte sind die Menschen geradezu unschuldig. Sie ahnen nicht, wie sie sich verraten, wenn sie am harmlosesten daherplappern.

ELIAS CANETTI

Liederabend

Liederabend: Eine der wenigen noch intakten Formen der Darbietung von Kunst ohne gesellschaftspolitische Aspekte.

HANS WEIGEL

Literat

Die Literaten teilt man ein in produktive Leute und Preisträger.

HELMUT QUALTINGER

Literatur

Unter Weltliteratur stellen sie sich etwas vor, was sie zusammen vergessen dürfen.

ELIAS CANETTI

Der Nachteil bei großer Literatur ist, daß jedes Arschloch sich damit identifizieren kann.

PETER HANDKE

Die Literatur: ein Konzert der Blinden für die Taubstummen.

ALEXANDER RODA RODA

Lob

Dafür, daß uns am Lobe nichts liegt, wollen wir besonders gelobt sein.

MARIE VON EBNER-ESCHENBACH

Lob

Das Lob des Mittelmäßigen läßt den Enthusiasmus für das Große nicht aufkommen.

DANIEL SPITZER

Es ist eine nie versagende Bosheit, das Werk statt den Meister zu loben.

KARL HEINRICH WAGGERL

Lösung

Die beliebteste Lösung politischer Probleme ist und bleibt die Endlösung.

WERNER SCHNEYDER

Lüge

Wenn sich jemand selbst belügen will, so gelingt es ihm sehr bald.

KARL EMIL FRANZOS

Wenn Lügen wirklich kurze Beine hätten, gäbe es in Österreich ausschließlich Liliputaner.

ANDRÉ HELLER

Je boshafter eine Lüge ist, für desto wahrscheinlicher hält man sie.

DANIEL SPITZER

Das Lügen läßt sich überhaupt nicht vermeiden, am ehesten noch die Gelegenheit dazu.

KARL HEINRICH WAGGERL

Wer lügt, ist nicht.

OTTO WEININGER

Es gibt Lügner im Leben, die in der Kunst die Wahrheit sagen.

ANTON WILDGANS

Lust

Die Lust einer Nacht ist eine Niete, welche das Herz gezogen hat.

FRANZ BLEI

Die Sitte verlangt, daß ein Lustmörder den Mord zugebe, aber nicht die Lust.

KARL KRAUS

Die Tragik der Liebe: der Lustgewinn liegt im Lustverlust.

WERNER SCHNEYDER

Luxus

Ich hasse und verachte den Luxus, wie alles hygienisch Unnötige.

PETER ALTENBERG

M

Machbarkeit

Was gemacht werden kann, wird gemacht.

GÜNTHER ANDERS

Macho

Ein Macho ist ein Mann, der alte männliche Attribute kultiviert – aus Angst, man könnte ihn für keinen halten.

RAINHARD FENDRICH

Macht

Nicht die Macht, die Machthysterie ist böse.

MARTIN BUBER

Wo wäre die Macht der Frauen, wenn die Eitelkeit der Männer nicht wäre?

MARIE VON EBNER-ESCHENBACH

Die Frage, wer an die Macht kommen soll, ist falsch gestellt. Es genügt, wenn eine schlechte Regierung abgewählt werden kann.

KARL RAIMUND POPPER

Man überzeugt am besten von seiner Macht, wenn man sie mißbraucht.

DANIEL SPITZER

Macht erhält jung.

JOSEPH WECHSBERG

Wer nicht versteht, daß die Macht das stärkste Erotikum der Menschheit ist, wird niemals Politik und Geschichte verstehen.

FRANZ WERFEL

Mädchen

Wie schön, wenn ein Mädchen seine gute Erziehung vergißt.

KARL KRAUS

Mädchen

Die Mädchen dieser Welt lassen sich in zwei Gruppen einteilen: in solche, die gefallen sind, und in solche, die nie gefallen haben.

KARL KRAUS

Mädchen – das bedeutet auch eine Insektenlarve.

KARL KRAUS

Alle Mädchen erwarten wen, wenn die Bäume in Blüten stehn.

RAINER MARIA RILKE

Maler

Ein Malermodell ist eine Dame, die sich selber zu den Akten legt.

KARL FARKAS

Manieren

Toleranz: Die Fehler der anderen entschuldigen. Takt: Sie gar nicht erst bemerken.

ARTHUR SCHNITZLER

Mann

Wer einen Mann erkennen, sein Wesen einsehen will, soll die Frauen betrachten, die er liebt.

HERMANN BAHR

Die Männer haben keine Geduld. Darum haben sie auch den Reißverschluß erfunden.

SENTA BERGER

Wenn die Männer mit ihrem Latein am Ende sind, reden sie deutsch.

SENTA BERGER

Die Männer, auf die die Frauen fliegen, sind nicht dieselben, bei denen sie landen.

SENTA BERGER

Mann

Was ist der wirkliche Mann und seine Liebe? Der unglaubliche Sieg des Alters über die Jugend beiderlei Geschlechts.

ALBERT PARIS GÜTERSLOH

Kein Mann ist so stark wie eine hilflose Frau, die ihre Schwäche zu erkennen gibt.

HANS HOLT

Es gibt nur zwei gute Männer auf der Welt: der eine ist tot, der andere nicht zu finden.

HUGO VON HOFMANNSTHAL

Die verbitterten Gesichtszüge eines Mannes sind oft nur die festgefrorene Verwirrung eines Knaben.

FRANZ KAFKA

Man glaubt mit einem Mann zu sprechen und plötzlich fühlt man, daß sein Urteil aus dem Uterus kommt.

KARL KRAUS

Man kann eher die Ansichten eines Mannes ändern als seine Absichten.

TOPSY KÜPPERS

Ich weiß, daß der Mann in der Welt draußen das Pfauenrad zu schlagen hat, während er sich zu Hause „ausruhen" will. Das ist das Los der Frau. Aber nicht das meine!

ALMA MAHLER-WERFEL

Männer gehorchen gern, wenn sie andere dafür malträtieren können.

ROBERT MUSIL

Der Mann ist ein Hosenträger.

JOHANN NEPOMUK NESTROY

Nur im Scherz kann man einem Mann klarmachen, daß er es ernst meint.

ERIKA PLUHAR

Man empfängt den Mann nach dem Gewand und entläßt ihn nach dem Verstand.

PETER ROSEGGER

Männer sind wie Schnee, kaum hat man sie aufgetaut, schmelzen sie und sind nicht mehr zu gebrauchen.

MARIA SCHELL

Eines Tages kommt man darauf, daß es wenige Männer gibt, die so stark sind, wie man selber ist. Vor solchen Männern haben die Frauen Angst.

ROMY SCHNEIDER

In den Augen eines jungen Mädchens gleicht ein verheirateter Mann einem Lotterielos nach der Ziehung.

ROMY SCHNEIDER

Wir wollen bei den Frauen der erste sein, sie bei uns die letzte.

ARTHUR SCHNITZLER

Keine Mutter hat ihren Sohn und keine Frau hat ihren Mann – so wie sie ihn haben möchte.

ARTHUR SCHNITZLER

Zwei Männer mögen wegen einer Frau in einen noch so erbitterten Streit geraten sein, es kommt immer der Augenblick, in dem sie nahe daran sind, einander – wie über einen Abgrund – die Hände zu reichen.

ARTHUR SCHNITZLER

Der ideale Mann ist wie das legendäre Einhorn: alle reden davon, aber niemand hat ihn gesehen.

GERTI SENGER

Mann

Hängt es mit der Kraft eines Mannes zusammen, ob er Söhne oder Töchter bekommt?

OTTO WEININGER

Märchen

Märchen kann man in seinem Leben zweimal und zweifach lesen. Zuerst einfältig, als Kind ... und dann, viel, viel später, mit dem vollen Bewußtsein seiner Erfindung.

STEFAN ZWEIG

Marxismus

Das Malheur mit den Marxisten ist nicht, daß sie Marx, sondern daß sie nur Marx gelesen haben.

HANS HABE

Medien

Massenmedien: Faule Ausreden für schlechten Besuch von Theatern und Konzerten.

HANS WEIGEL

Medizin

Das Unheilbare hat keine Achtung vor der Medizin.

MARIE VON EBNER-ESCHENBACH

Die Medizin: Geld her und Leben!

KARL KRAUS

Mehrheit

Über das Leben der meisten läßt sich nur sagen, daß sie sehr, sehr lange nicht gestorben sind.

KARL KRAUS

Meinung

Ein Gramm Information wiegt schwerer als tausend Tonnen Meinung.

GERD BACHER

Von denen, die immer deiner Meinung sind, kannst du nichts gewinnen.

MARIE VON EBNER-ESCHENBACH

Die öffentliche Meinung ist die Dirne unter den Meinungen.

MARIE VON EBNER-ESCHENBACH

Meinung

Wir sind so eitel, daß uns sogar an der Meinung der Leute, an denen uns nichts liegt, etwas gelegen ist.

MARIE VON EBNER-ESCHENBACH

Ins geistige Abenteuer nimmt man den Regenschirm der Meinung mit.

RICHARD VON SCHAUKAL

Man macht oft eine Bemerkung und sieht erst später, wie wahr sie ist.

LUDWIG WITTGENSTEIN

Melancholie

Melancholie ist Stimmung mit Trauerrand.

HEIMITO VON DODERER

Was ist Melancholie? Heimweh nach sich selbst.

ANTON KUH

Mensch

Mensch aber muß man sein in jedem Berufe, sonst geht man irgendwie, heut oder morgen, sicher zugrunde.

PETER ALTENBERG

Ruhig in der Freude und ruhig im Schmerz und im Kummer ist der wahrhafte Mensch.

JOHANNES BRAHMS

Mensch sein genügt nicht, Mensch bist du ja sowieso.

KLAUS MARIA BRANDAUER

Man mag drei- oder viertausend Menschen gekannt haben, man spricht immer nur von sechs oder sieben.

ELIAS CANETTI

Jeder Mensch verrät sich vollkommen in seinen Einteilungen.

ELIAS CANETTI

Mensch

Man kann einem Menschen nichts Böseres tun, als sich ausschließlich mit ihm zu beschäftigen.

ELIAS CANETTI

Jeder Mensch, der nur seinen Charakter realisiert, ist dämonisch.

HEIMITO VON DODERER

Der einfachste Mensch ist immer noch ein sehr kompliziertes Wesen.

MARIE VON EBNER-ESCHENBACH

Nicht jeder große Mann ist auch ein großer Mensch.

MARIE VON EBNER-ESCHENBACH

Ich habe an den Menschen nicht viel Gutes feststellen können. Meiner Erfahrung nach ist das meiste Abfall.

SIGMUND FREUD

Die Menschen sind ein Wolfspack, nichts als ein Wolfspack, das die zu Tode hetzt, die ihm Gutes tun könnten.

SIGMUND FREUD

Prüfe dich an der Menschheit. Den Zweifelnden macht sie zweifeln, den Glaubenden glauben.

FRANZ KAFKA

Jeder Mensch begegnet einmal dem Menschen seines Lebens, aber nur wenige erkennen ihn rechtzeitig.

GINA KAUS

Wir Menschen sind doch bessere Wilde.

KARL KRAUS

Ich habe, glaube ich, die Zwischenstufe zwischen Tier und Homo sapiens gefunden. Wir sind es.

KONRAD LORENZ

Ich glaube von jedem Menschen das Schlechteste, selbst von mir, und ich hab' mich noch selten getäuscht.

JOHANN NEPOMUK NESTROY

Die Menschen muß man hassen, ehe man sie kennt, verachten, wenn man sie kennt.

JOHANN NEPOMUK NESTROY

Man möchte manchmal Kannibale sein, nicht um den oder jenen aufzufressen, sondern um ihn auszukotzen.

JOHANN NEPOMUK NESTROY

Man glaubt nicht, was jeder Mensch glaubt, was er für ein Mensch ist.

JOHANN NEPOMUK NESTROY

Der Mensch ist in seinem Dasein nur zweimal ein völlig Ganzes: im gedankenlosen Genusse der Jugend und in der bedingungslosen Ergebung des Alters.

PETER ROSEGGER

Der ist kein ganzer Mensch, der nicht lachen und nicht weinen kann zur rechten Zeit.

PETER ROSEGGER

Der Hund bellt immer, wenn ihn etwas erregt. Der Mensch spricht immer.

RICHARD VON SCHAUKAL

Nichts Unmenschliches ist dem Menschen fremd.

RICHARD VON SCHAUKAL

Wie könnte man als Mensch leben, wenn man nicht zuweilen ein Gott wäre?

ARTHUR SCHNITZLER

Mensch

Wer das Leben noch als schön preist und die Menschen als gut, ist entweder ein Schwachkopf oder einer, vor dem man auf der Hut sein muß.

WALTER SERNER

Es gibt liebenswürdige Menschen, die niemals jemanden betrübt oder ihm etwas zuleide getan haben, nicht einmal durch ihren Tod.

DANIEL SPITZER

Die Klarheit seines Innern ist für den Menschen das höchste Gut.

ADALBERT STIFTER

Mir gefallen auch unter Menschen die Ruinen besser als die Museen.

KARL HEINRICH WAGGERL

Nichts kann so schön sein wie der Mensch, nichts so häßlich.

OTTO WEININGER

Mensch sein heißt, dem Leben ein Gleichnis entgegensetzen.

FRANZ WERFEL

Kein Mensch kann gegen sein eigenes Wunschleben klug sein. Er kann nur so tun, als sei er's.

FRANZ WERFEL

Menschenkenntnis

Ich habe es so satt, die Menschen zu durchschauen; es ist so leicht und es führt zu nichts.

ELIAS CANETTI

Menschenkenntnis

Es gibt keine Menschenkenntnis: Es ist gut, sich zeitweilig vor Augen zu halten, daß einen Menschen erkennen nichts anderes ist, als in einer ganz bestimmten Weise psychisch auf ihn zu reagieren.

ROBERT MUSIL

Du willst einen Menschen besitzen? – Kenne ihn.

ARTHUR SCHNITZLER

Leute, die nichts von sich halten, sind auch schlechte Menschenkenner.

KARL HEINRICH WAGGERL

Was wir voneinander wissen, wir wissen es doch immer nur durch Liebe.

STEFAN ZWEIG

Menschheit

Die Menschheit als Ganzes wird sich nie wieder bescheiden können.

ELIAS CANETTI

Der ganze Kampf der Menschheit spielt sich zwischen denen ab, die etwas sein, und denen, die etwas gelten wollen.

ANTON KUH

Immer müssen Millionen müßige Weltstunden verrinnen, ehe eine wahrhaft historische, eine Sternstunde der Menschheit in Erscheinung tritt.

STEFAN ZWEIG

Midlife-Krise

Die Midlife-Krise ist die Pubertät des Greisenalters.

WERNER SCHNEYDER

Minderheit

Es gibt nur zwei Typen: die, die Angst haben, die Majorität zu kränken, und die, die Angst haben, sie nicht zu kränken.

PETER ALTENBERG

Mißerfolg

Der Lauf der Welt ist die Entschuldigung für alle, die selber nicht weiterkommen.

KARL HEINRICH WAGGERL

Mißgeschick

Mißgeschick und Unglück sind nicht etwas wie ein Stein, der blind herunterfällt. Sie haben in der Seele dessen, den sie treffen, geheime Verbündete.

GUSTAV VON FESTENBERG

Mißgunst

Wenn die Mißgunst aufhören muß, fremdes Verdienst zu leugnen, fängt sie an, es zu ignorieren.

MARIE VON EBNER-ESCHENBACH

Der Wohlwollende fürchtet Mißgunst nicht.

MARIE VON EBNER-ESCHENBACH

Mißtrauen

Mißtrauen gegen sich selbst ist die Bedingung alles anderen Mißtrauens.

OTTO WEININGER

Mißverständnis

Du hast verstanden? Du hast verziehen? Du hast vergessen? Welch ein Mißverständnis. Du hast nur aufgehört zu lieben.

ARTHUR SCHNITZLER

Mitleid

Mitleid ist das tödlichste Gefühl, das man einer Frau anbieten kann.

VICKI BAUM

Mitleid ist Liebe im Negligé.

MARIE VON EBNER-ESCHENBACH

Mitleid ist legale Schadenfreude.

HANS LOHBERGER

Mitleid

Mitleid ist weder Tugend noch Mangel, sondern ein unwillkürliches Gefühl wie Schadenfreude.

RICHARD VON SCHAUKAL

Der Mann schämt sich keiner anderen Regung so sehr wie des Mitleidens mit sich selbst.

OTTO WEININGER

Mittelpunkt

Das Leben will von uns, daß wir uns als Mittelpunkt fühlen. Das Leben will aus lauter Mittelpunkten bestehen.

MAX MELL

Mittelstand

Dem Mittelstand ersetzt Vorurteil das Urteil.

ANTON KUH

Mode

Mode ist die bereitwillige Bejahung der rätselhaften Tatsache, daß heute etwas schön ist, was gestern häßlich war und morgen unerträglich sein wird.

SENTA BERGER

Mode ist ein Diktat, das wie eine Empfehlung aussieht.

SENTA BERGER

Die Mode erlaubt den Frauen, immer dieselben und niemals die gleichen zu sein.

SENTA BERGER

Mode ist ein Befehl, den sich die Frauen wünschen.

SENTA BERGER

Nichts ist so gefährlich wie das Allzu-modern-Sein. Man gerät in Gefahr, plötzlich aus der Mode zu kommen.

MARIE VON EBNER-ESCHENBACH

Sobald eine Mode allgemein geworden ist, hat sie sich überlebt.

MARIE VON EBNER-ESCHENBACH

Mode

Für Frauen ist die Mode der wichtigste aller Stoffwechsel.

KARL FARKAS

Mode, das heißt: Zivil in Uniform.

HANS LOHBERGER

Immer hat mir diejenige Frau am besten gefallen, die durch Kleidung beweist, daß sie sich selbst versteht.

FELIX SALTEN

Der letzte Schrei ist nichts als die Ankündigung des nächsten.

WERNER SCHNEYDER

Kleider machen Leute, sagen die Leute, die Kleider machen.

DANIEL SPITZER

Modell

Ein Malermodell ist eine Dame, die sich selber zu den Akten legt.

KARL FARKAS

Möglichkeit

Im Widerspiel des Unmöglichen mit dem Möglichen erweitern wir unsere Möglichkeiten.

INGEBORG BACHMANN

Moral

Die Moral, die gut genug war für unsere Väter, ist nicht gut genug für unsere Kinder.

MARIE VON EBNER-ESCHENBACH

Je lockerer die Moral, je fester muß der Charakter sein.

MARIE VON EBNER-ESCHENBACH

Sich zum Rechten gewöhnen ist der Inbegriff der ganzen Moral und zugleich der Seelendiätetik.

ERNST VON FEUCHTERSLEBEN

Moral

Nicht eine kränkelnde Moral – uns frommt eine robuste Sittlichkeit.

ERNST VON FEUCHTERSLEBEN

Der moralische Mensch unterscheidet sich von dem unmoralischen nicht dadurch, daß er ohne Laster ist, sondern daß er Herr seiner Anfechtungen wird.

FRITZ KORTNER

Die Moral ist ein Einbruchswerkzeug, welches den Vorteil hat, daß es nie am Tatort zurückgelassen wird.

KARL KRAUS

Jede echte Moral, im höchsten, menschlichen Sinn verstanden, setzt geistige Leistungen voraus, zu welchen kein Tier imstande ist

KONRAD LORENZ

Das Volk muß physisch beim G'nack gepackt und moralisch mit der Nase draufgestoßen werden.

JOHANN NEPOMUK NESTROY

Der Schritt von der absoluten Moral bis zum blutigen Massaker ist kurz.

KARL SCHLECHTA

Wo immer man einen Verstoß gegen die Moral zu sehen glaubte, ist es einer gegen den Geschmack, gegen die Logik oder gegen die Wahrhaftigkeit gewesen.

ARTHUR SCHNITZLER

Moralist

Es gibt Moralisten vorgerückten Alters, denen fallen die Haare aus, die sie auf den Zähnen haben.

ANTON KUH

Müßiggang

Müßiggang ist aller Laster Anfang, aller Tugenden Krönung.

FRANZ KAFKA

Nichts erfordert mehr Geist, als nichts zu tun zu haben und trotzdem nichts zu tun.

KARL HEINRICH WAGGERL

Mütter und Töchter

Mütter erwarten von ihren Töchtern das Beste und Schlimmste zugleich, so behalten sie immer recht.

VICKI BAUM

Musik

Die leichte Musik, von der es nie genug geben kann, ist raschlebig. Wie die Waren, an denen großer Bedarf ist, wird sie jedes Jahr in neuen Verpackungen und mit kleinen Änderungen geliefert.

INGEBORG BACHMANN

Was aber ist Musik? Was ist dieser Klang, der dir Heimweh macht?

INGEBORG BACHMANN

Wem sich meine Musik auftut, der muß frei werden von all dem Elend, womit sich die anderen Menschen schleppen.

LUDWIG VAN BEETHOVEN

Nur die Harmonie vermag die Leidenschaften zu erwekken. Die Melodie entnimmt ihr alle Kräfte.

LUDWIG VAN BEETHOVEN

Musik ist höhere Offenbarung als alle Weisheit und Philosophie.

LUDWIG VAN BEETHOVEN

Musik ist der einzige unverkörperte Eingang in eine höhere Welt des Wissens.

LUDWIG VAN BEETHOVEN

Eigentlich habe ich – was meine Freunde jetzt „groß" nennen – nur fertiggebracht, weil ich von Jugend an Ehrfurcht gehabt habe vor allem Echten und Heiligen.

ANTON BRUCKNER

Für den überwiegenden Teil der Menschen ist die Musik ein angenehmes Mittel, ihre eigene Plattheit zu pathetisieren.

HEIMITO VON DODERER

Für mich hat die Musik als solche, bloß den Gesetzen ihrer Wesenheit und den Einflüssen einer begrifflosen Begeisterung gehorchend, immer etwas unendlich Heiliges, Überirdisches gehabt.

FRANZ GRILLPARZER

Die Musik strebt, um sich zu erweitern, in die Poesie hinüber.

FRANZ GRILLPARZER

Einen guten Musiker erkennt man an dem, was er stiehlt.

FRIEDRICH GULDA

Meine Sprache versteht man in der ganzen Welt.

JOSEPH HAYDN

Alles ist die Deutlichkeit in der Musik.

GUSTAV MAHLER

Das Wichtigste in der Musik steht nicht in den Noten.

GUSTAV MAHLER

In jeder Aufführung muß das Werk neu geboren werden.

GUSTAV MAHLER

Keine Musik ist etwas wert, von der man dem Hörer erst berichten muß, was darin erlebt ist, was er zu erleben hat.

GUSTAV MAHLER

Das Notwendigste und das Härteste und die Hauptsache in der Musik ist das Tempo.

WOLFGANG AMADEUS MOZART

Die Musik ist unendlich, sie ist aber auch allmächtig – kurz, sie ist auch alles das, was und wie ein Geist ist. Solange irgendein Wesen existieren wird, solange wird auch Musik bestehen, solange wird sie auch Wunder wirken.

ROBERT MUSIL

Die Freuden und Schmerzen, die der Mund nicht sagen kann, die sprudeln aus Musik wie ein Bronnen in der Sonnen.

PETER ROSEGGER

Musik spricht die unbewußte Natur dieser und anderer Welten aus.

ARNOLD SCHÖNBERG

Eine schöne Melodie bleibt nicht lange ein Geheimnis.

DANIEL SPITZER

In der Musik zieht die Freude des Daseins bei einem Ohr hinein und beim andern Ohr hinaus.

OTTO STOESSEL

Musik

Musik ist die reinste und schönste Freude, die der Mensch im Leben hat.

ANTON WILDGANS

Auch die Pause gehört zum Rhythmus.

STEFAN ZWEIG

Musiker

Das Lieblingsinstrument der meisten Musiker ist die Sektflöte.

LORE KRAINER

Das Wesen eines Musikers ist kaum in Worten auszudrücken. So ist es auch mit seinen Zielen.

GUSTAV MAHLER

Mutter

Mütter erwarten von ihren Töchtern das Beste und Schlimmste zugleich, so behalten sie immer recht.

VICKI BAUM

Eine Mutter – auch wenn sie schon ganz schwach und hilflos ist – hat noch immer die Kraft, ihres Kindes Glück zu schaffen.

THEODOR HERZL

Hysterie ist die geronnene Milch der Mutterschaft.

KARL KRAUS

Mysterien

Geld und Sexualität sind die reellen Mysterien des Lebens. Eitelkeit und Ehrgeiz die unreellen.

PETER ALTENBERG

Mystik

Mystik ist unmittelbares geistiges Erleben.

OTHMAR SPANN

Mystik ist die Urmutter der Religion, die Urmutter der Kultur.

OTHMAR SPANN

Nachahmung

Nachahmen oder anfeinden ist der Charakter der Menge.

FRANZ GRILLPARZER

Die Dummheit des Klugen, die Plumpheit des Feinen: wo wurzelt sie? In ungezügelter Nachahmungslust.

HUGO VON HOFMANNSTHAL

Der Mensch besitzt einen großen Nachahmungstrieb, und man könnte sagen, je tiefer seine Kulturstufe, je größer der Nachahmungstrieb.

PETER ROSEGGER

Nachbar

Befrage deinen Nachbarn nur über Dinge, die du besser weißt. Sein Rat könnte wertvoll sein.

KARL KRAUS

Man würde sich gern zum Besseren bekehren, wenn nicht der Nachbar seinen Vorteil davon hätte.

KARL HEINRICH WAGGERL

Nachdenken

Früher hat man ganz einfach nachgedacht; heute reflektiert man.

PAUL HÖRBIGER

Man muß oft erst nachdenken, worüber man sich freut; aber man weiß immer, worüber man traurig ist.

KARL KRAUS

Wenn arme Leute nachdenken, soll man sie nicht stören.

RAINER MARIA RILKE

Nacht

In der Nacht hat der Mensch nur ein Nachthemd an, und darunter kommt gleich der Charakter.

ROBERT MUSIL

Nachwelt

Die Nachwelt ist nicht besser als die Mitwelt, sie ist nur später.

ARTHUR SCHNITZLER

Nächstenliebe

Das Gebot der Nächstenliebe ist im Grunde ein Gebot der Eigenliebe: Liebe deinen Nächsten wie dich selbst, weil du dann erst, nur an deinem Nächsten erst, zu dir selbst kommst.

HERMANN BAHR

Die den Freudenbecher gewährt haben, sterben an dem alkoholischen Gifttrunk, den ihnen die christliche Nächstenliebe reicht.

KARL KRAUS

Die Nächstenliebe ist nicht die beste, aber immerhin die bequemste.

KARL KRAUS

Liebe deinen Nächsten wie dich selbst. Denn: Jeder ist sich selbst der Nächste.

KARL KRAUS

Unsere Nächstenliebe wird durch die Massen der Nächsten, der Allzunahen, so verdünnt, daß sie schließlich nicht einmal mehr in Spuren nachweisbar ist.

KONRAD LORENZ

Unter Nächstenliebe verstehen manche Männer die Liebe zur nächsten Frau.

ERIKA PLUHAR

Es ist leichter, alle zu lieben als einen. Die Liebe zur ganzen Menschheit kostet gewöhnlich nichts als eine Phrase; die Liebe zum Nächsten fordert Opfer.

PETER ROSEGGER

Nächstenliebe

Liebe deinen Fernsten, wie du deinen Nächsten nicht leiden magst, dann wird vielleicht einmal Friede in der Welt werden.

ARTHUR SCHNITZLER

Man will ja seinen Nächsten lieben, aber doch nicht den Nächstbesten.

KARL HEINRICH WAGGERL

Naivität

Es gibt mehr naive Männer als naive Frauen.

MARIE VON EBNER-ESCHENBACH

Narr

Was liegt dem Narren an einem vernünftigen Menschen? Die wichtige Person für ihn ist der andere Narr, der ihn gelten läßt.

MARIE VON EBNER-ESCHENBACH

Es gibt viel mehr Narren als Höfe.

WERNER SCHNEYDER

Nasenträger

Es gibt Menschen, die sind bei sich selbst als Nasenträger angestellt. Das füllt ihre Zeit aus.

ANTON KUH

Nationalgefühl

Nationalgefühl hat man, wenn man sich für seine Nation schämt.

HELMUT QUALTINGER

Nationalismus

Der Nationalismus, das ist die Liebe, die mich mit den Dummköpfen meines Landes verbindet, mit den Beleidigern meiner Sitten und den Schändern meiner Sprache.

KARL KRAUS

Chauvinisten sind Leute, die immerfort ihren nationalen Nabel beschauen.

DANIEL SPITZER

Nationalismus

Wesen des Nationalismus ist es, die eigene Sinnesverwirrung bei anderen nicht verstehen zu können.

FRANZ WERFEL

Ich sehe in jedem Nationalismus die Gefahr der Entzweiung, des Stolzes, der Eingrenzung und der Eitelkeit.

STEFAN ZWEIG

Natur

In der Natur gibt es keine Fragen. Es gibt kein Woher, Wohin, Wieso, Wozu, Weswegen. Das sind Erfindungen unseres ruhelosen Geistes.

GUSTINUS AMBROSI

Die Natur hat leicht verschwenden; auch das scheinbar ganz nutzlos Verstreute fällt zuletzt doch in ihren Schoß.

MARIE VON EBNER-ESCHENBACH

Unkraut ist die Opposition der Natur gegen die Regierung der Gärtner.

OSKAR KOKOSCHKA

Die höchsten Empfindungen sind Religion und Kunst. Natur ist Zweck, aber dort ist Gott, und ich empfinde ihn stark, sehr stark, am stärksten ...

EGON SCHIELE

Wir meinen die Natur zu beherrschen, aber wahrscheinlich hat sie sich nur an uns gewöhnt.

KARL HEINRICH WAGGERL

Neid

Neidlosigkeit ist die Genialität dessen, der von Schicksals Gnaden aus niemanden zu beneiden hat.

PETER ALTENBERG

Die größte Genossenschaft auf Erden ist die Neidgenossenschaft.

HELMUT QUALTINGER

Neid

Oft wäre der Neid grausam gestraft, wenn man ihm das überlassen könnte, was er einem mißgönnt.

KARL HEINRICH WAGGERL

Der Neid ist meistens eine Nummer größer als der Fleiß.

PETER WECK

Nervensägen

Über das Kommen mancher Leute tröstet uns nichts als – die Hoffnung auf ihr Gehen.

MARIE VON EBNER-ESCHENBACH

Neugier

Die Neugier läßt nach, jetzt könnte er zu denken beginnen.

ELIAS CANETTI

Der Dirne Neugier leistet Magddienste die Dirne Geschwätzigkeit.

MARIE VON EBNER-ESCHENBACH

Wenn die Neugier sich auf ernsthafte Dinge richtet, dann nennt man sie Wissensdrang.

MARIE VON EBNER-ESCHENBACH

Die Teilnahme der meisten Menschen besteht aus einer Mischung von Neugier und Wichtigtuerei.

MARIE VON EBNER-ESCHENBACH

Neugier ist die gespannte Angst, daß es Wunder geben könnte.

ANTON KUH

Nichtraucher

Auch Nichtraucher müssen sterben.

FRIEDRICH TORBERG

Niederlage

Eine stolz getragene Niederlage ist auch ein Sieg.

MARIE VON EBNER-ESCHENBACH

Niederlage

Man muß verstehen, die Früchte seiner Niederlagen zu ernten.

OTTO STOESSEL

Der göttliche Sinn jeder Niederlage ist es, unsere irdische Vermessenheit in kosmischer Zuversicht aufzulösen.

FRANZ WERFEL

Niveau

Was gibt es Schöneres, als mit einem jungen Mann und einem alten Rotwein gemeinsam die Schwelle des gehobenen Niveaus zu verlassen?

STEPHANIE WERGER

Nostalgie

Nostalgie ist, wenn auf der Speisekarte „Rheinlachs“ steht.

WERNER SCHNEYDER

Not

Weh der Frau, die nicht im Falle der Not ihren Mann zu stehen vermag.

MARIE VON EBNER-ESCHENBACH

Die Not ist noch ein Genuß gegen die Notwendigkeit, die Not zu verbergen.

JOHANN NEPOMUK NESTROY

Notwendigkeit

Notwendigkeiten gegenüber gibt es nur eines: sie anerkennen und sich ihnen mit Aufmerksamkeit und Neigung hingeben. Einzig dadurch werden sie ihrem Wesen nach gewandelt.

GUSTAV VON FESTENBERG

O

Oberfläche

Wenn man ständig mit einem Menschen zusammenlebt, sieht man nur noch die Oberfläche, die aus lauter kleinen Reibungsflächen besteht.

BRIGITTE SCHWAIGER

Öffentlichkeit

Die neue Wollust: Ablehnung jeder Öffentlichkeit.

ELIAS CANETTI

Wer an die Öffentlichkeit tritt, hat keine Nachsicht zu erwarten und keine zu fordern.

MARIE VON EBNER-ESCHENBACH

Wer ins Rampenlicht tritt, kann doch nicht ungeschminkt die Wahrheit sagen.

HANS HABE

In unserer Zeit ist ja alles öffentlich, auch das Geheimnis.

DANIEL SPITZER

Öffnen

Wir brauchen den Stoß von außen, dann springt unser Inneres plötzlich auf. Und das Einzige, was Lehre, Beispiel, Erziehung für uns tun können: uns öffnen.

HERMANN BAHR

Österreich

Zittre, du großes Österreich, vor deinen kleinen Beamten.

EDUARD VON BAUERNFELD

In Österreich wird man eben nur zum großen Mann, wenn man etwas auffällig nicht tut.

EGON FRIEDELL

In der Welt geht's drunter und drüber; aber Österreich geht nicht unter.

EGON FRIEDELL

Österreich ist der Hoflieferant für Qualitätsverhütungsmittel.

ANDRÉ HELLER

Wenn Lügen wirklich kurze Beine hätten, gäbe es in Österreich ausschließlich Liliputaner.

ANDRÉ HELLER

Österreich: eine Schweiz der Komfortlosigkeit.

ANTON KUH

In Österreich wird jeder das, was er nicht ist.

GUSTAV MAHLER

Nein, wie wir uns in dem Österreich alle getäuscht haben, das is schauderhaft.

JOHANN NEPOMUK NESTROY

Österreich ist ein Labyrinth, in dem sich jeder auskennt.

HELMUT QUALTINGER

Fad – das ist in Österreich der größte Vorwurf.

INGE SANTNER

Die Parzen weben anderswo. Du, Österreich, hast Grillen.

FRIEDRICH TORBERG

Der in Österreich übliche touristische Mechanismus von Anpassung und Verachtung gilt nur für zahlende Fremde. Wer ein Fremder ist, den trifft nur die Verachtung. Die Fremden, die uns nichts bezahlen können, die uns aber etwas geben können, wohnen gleich um die Ecke.

PETER TURRINI

Österreich

Von den vielen Sünden, die Österreich zu begehen pflegt, begeht Österreich die meisten Sünden gegen Österreich.

HANS WEIGEL

Österreicher

Österreicher ist, wer es trotzdem ist.

ALEXANDER LERNET-HOLENIA

Olympische Spiele

An den Olympischen Spielen im alten Griechenland durften nur Freie teilnehmen. Jetzt sind auch die Ehemänner startberechtigt.

KARL FARKAS

Operation

Schmerzhafte Operationen müssen schnell g'schehen, ob an Körper oder an Geist.

JOHANN NEPOMUK NESTROY

Opfer

Ein Held ist, wer sein Leben Großem opfert, wer's für ein Nichts vergeudet, ist ein Tor.

FRANZ GRILLPARZER

Welch ein tragischer Irrtum, für eine Sache zu sterben, statt für sie zu leben.

KARL HEINRICH WAGGERL

Wenn du ein Opfer bringst und dann darauf eitel bist, so wirst du mitsamt deinem Opfer verdammt.

LUDWIG WITTGENSTEIN

Opportunismus

Opportunisten sind Leute, die den Bleistift an beiden Enden spitzen.

PETER WEHLE

Opposition

Ich meine, es ist notwendig, daß wir alle den Mächtigen immer wieder zeigen und sagen: So nicht! So nicht!

ROBERT JUNGK

Optimismus

Ein Optimist ist ein Mann, der Kreuzworträtsel sofort mit dem Kugelschreiber ausfüllt.

KARL FARKAS

Ein Optimist ist jemand, der glaubt, daß die Zukunft ungewiß ist.

PAUL LÖWINGER

Ein Mensch, der sehen kann, wie schön die Welt ist, muß ihr optimistisch gegenüberstehen.

KONRAD LORENZ

Optimismus ist eine Geistesstörung, die sich in der Überzeugung des Patienten äußert, es werde in zehn Jahren nicht nur Comics, sondern auch noch Bücher geben.

HANS WEIGEL

Orchester

Das Orchester versetzt die Damen in Trance, aber schreiben tun's dann dem Tenor.

ARTHUR SCHNITZLER

Orchester: Ein unschätzbares Modell der Demokratie.

HANS WEIGEL

Orden

Nicht außen auf der Brust trägt man den Orden, nein, innen, wo der Herzschlag ihn erwärmt, er sich belebt am Puls des tiefsten Lebens.

FRANZ GRILLPARZER

Ordnung

In einem aufgeräumten Zimmer ist auch die Seele aufgeräumt.

ERNST VON FEUCHTERSLEBEN

Nur auf dem Begriff von „Ordnung“ kann jener der „Freiheit“ ruhen.

CLEMENS FÜRST METTERNICH

Ordnung

Eine vollkommene Ordnung wäre der Ruin allen Fortschritts und Vergnügens.

ROBERT MUSIL

Original

Es gibt keine Originale mehr, sondern nur noch Kopien.

GÜNTHER ANDERS

In Kunst und Literatur will man immer Originale, aber lebendige Menschenoriginale will man nicht.

PETER ROSEGGER

Ohne die Vergeßlichkeit gäbe es keine Originalität mehr.

DANIEL SPITZER

Paar

Ein glückliches Paar: Er tut, was sie will – und sie tut, was sie will.

PETER ALTENBERG

Er war einer, jetzt ist er ein halbes Paar.

ALFRED POLGAR

Paradies

Das Paradies der Zukunft läßt sich nicht durch Putsche erschleichen, sondern nur durch Arbeit erobern.

RICHARD VON COUDENHOVE-CALERGI

Ein Paradies könnte nur außerhalb der Natur liegen, und ein derartiges Paradies kann ich mir nicht vorstellen.

MARLEN HAUSHOFER

Wir wurden geschaffen, um im Paradies zu leben, das Paradies war bestimmt, uns zu dienen. Unsere Bestimmung ist geändert worden; daß dies auch mit der Bestimmung des Paradieses geschehen wäre, wird nicht gesagt.

FRANZ KAFKA

Wenn das, was im Paradies zerstört worden sein soll, zerstörbar war, dann war es nicht entscheidend; war es aber unzerstörbar, dann leben wir in einem falschen Glauben.

FRANZ KAFKA

Parlamentarismus

Der Parlamentarismus ist die Kasernierung der politischen Prostitution.

KARL KRAUS

Partei

Der Ignorant weiß nichts, der Parteimann will nichts wissen.

MARIE VON EBNER-ESCHENBACH

Partei

Die Apparate der politischen Parteien sind größer geworden, als dies ihnen guttut.

RUDOLF KIRCHSCHLÄGER

Das gefährlichste an einer Partei, die an der Regierung ist, ist Selbstgefälligkeit.

BRUNO KREISKY

Welchen Wein die Parteien uns auch immer verheißen: wenn sie zur Regierung kommen, verdünnen sie ihn immer mit demselben Wasser.

ALEXANDER RODA RODA

Der Parteigeist ist nur gut für Leute, die sonst keinen Geist haben.

DANIEL SPITZER

Die Politik und die Politiker haben an Attraktivität verloren. Die Jugend fühlt sich offenbar von Feuerwehr, Trachtenkapellen und anderen Organisationen stärker angezogen als von den politischen Parteien.

FRANZ VRANITZKY

Partnerschaft

Man sollte wirklich nur die zusammenleben lassen, die ohne einander sterben würden.

LUDWIG ANZENGRUBER

Party

Eine Party ist eine Zusammenkunft, bei der am Ende die Gäste aufgeräumter sind als die Wohnung.

SENTA BERGER

Patriotismus

Vaterlandsliebe ist erweiterte Familienliebe.

MARIE VON EBNER-ESCHENBACH

Gut und Blut fürs Vaterland! Aber die Nerven?

KARL KRAUS

Patriotismus

Eine wahre Menschenbrüderschaft innerhalb der Grenzen eines sogenannten Vaterlandes hat es wohl niemals gegeben.

ANTON WILDGANS

Perfektion

Wenn das, was fertig ist, nur immer auch vollendet wäre!

PETER ROSEGGER

Persönlich

Warum denn immer gleich sachlich werden, wenn es auch persönlich geht?

ANDRÉ HELLER

Persönlichkeit

Ungleichheit, Freiheit und Kampf sind der Boden, aus dem Persönlichkeit gedeiht. In der Freiheit entfaltet sie sich – im Kampf setzt sie sich durch.

RICHARD VON COUDENHOVE-CALERGI

Persönlichkeiten werden nicht durch schöne Reden geformt, sondern durch Arbeit und eigene Leistung.

ALBERT EINSTEIN

Charisma: Einsatz der Persönlichkeit durch Aberglauben.

HANS HABE

Ein Mensch ist umso bedeutender, je mehr alle Dinge für ihn bedeuten.

OTTO WEININGER

Perversität

Es gibt nur eine Perversität: sein Lebenskapital schwächen, verringern.

PETER ALTENBERG

Perversität ist entweder eine Schuld der Zeugung oder ein Recht der Überzeugung.

KARL KRAUS

Pessimismus

Der Pessimist wider Willen, das ist der echte.

MARIE VON EBNER-ESCHENBACH

Die glücklichen Pessimisten! Welche Freude empfinden sie, so oft sie bewiesen haben, daß es keine Freude gibt.

MARIE VON EBNER-ESCHENBACH

Der Pessimismus ist nichts als ein gescheiterter Idealismus.

DANIEL SPITZER

Pfeifen

Pfeifen und Ausgepfiffenwerden ist immer gut. Es gibt mir so ein bürgerliches Gefühl, das entsteht, wenn der Tee kocht.

ANDRÉ HELLER

Pflicht

Tue deine Pflicht, bis sie dir zur Freude wird.

MARIE VON EBNER-ESCHENBACH

Die bedauernswertesten Menschen sind diejenigen, welche Pflichtgefühl besitzen, aber nicht die Kraft, ihm zu genügen.

MARIE VON EBNER-ESCHENBACH

Eingeräumte Rechte sind auferlegte Pflichten.

HANS LOHBERGER

Wenn ein Mensch wirklich sparsam ist, kann er mit einem lächerlichen Minimum von Pflichtgefühl durchs Leben kommen.

ALEXANDER RODA RODA

Phantasie

Alle Unruhe im Menschen entspringt aus der Phantasie; denn selbst das Gewissen, wenn es auch seinen Stoff aus dem moralischen Sinne zieht, nimmt doch wenigstens seine Form aus ihr.

FRANZ GRILLPARZER

Phantasie

Er träumte, daß er Zeit hatte, und sah sich als lange gerade Straße.

PETER HANDKE

Die Phantasie kann alles. Sie ist ein mutwilliges Geschöpf.

FERDINAND RAIMUND

Leute ohne Phantasie erleben nichts.

ALEXANDER RODA RODA

Wir sind nicht kurzsichtig genug, um zu wissen, was geschehen wird.

DANIEL SPITZER

Philosophie

Ich glaube an keine Philosophie, denn alle Philosophie ist menschliche Erfindung, ist ein Visavis zur menschlichen Ohnmacht.

GUSTINUS AMBROSI

Mehr denken als leben ist Sache der Philosophen; mehr leben als denken Sache der Frau. Deshalb mögen sie einander nicht.

BRUNO ERTLER

Die Philosophie, welche sich der Betrachtung des Todes widmet, ist eine falsche; die wahre Philosophie ist eine Weisheit des Lebens.

ERNST VON FEUCHTERSLEBEN

Philosophie setzt dort ein, wo die exakte Wissenschaft aufhört; vielleicht wird sie einmal überflüssig.

JOSEF KAINZ

Philosophie

Schon vor dreitausend Jahr' lebte die Philosophie davon, daß ein Philosoph das behauptet, was der andere verwirft, daß einer gegen alle und alle gegen einen sind und keiner sich vor der Gefahr des Unsinns fürchtet.

JOHANN NEPOMUK NESTROY

Die Philosophie ist ein Frauenzimmer; wenn sie keinen Grund mehr anzugeben weiß, fällt sie in Ohnmacht.

MORITZ SAPHIR

Die Philosophie hilft wohl gegen die Todesangst, aber nicht gegen Flohstiche.

ARTHUR SCHNITZLER

Wer heute Philosophie lehrt, gibt dem anderen Speisen, nicht, weil sie ihm schmecken, sondern um seinen Geschmack zu ändern.

LUDWIG WITTGENSTEIN

Plagiator

Ein Plagiator ist ein Mann, dessen Lieder schon gesungen wurden, bevor er sie komponiert hatte.

ROBERT STOLZ

Plan

Ich rechne nie! Auf die Art kann das Schicksal mir auch nie einen Strich durch die Rechnung machen.

JOHANN NEPOMUK NESTROY

Playboy

Ein Playboy ist ein Mann, der nie einen Roman, sondern immer nur Kurzgeschichten erlebt.

ERIKA PLUHAR

Pöbel

Nichts kränkte den Pöbel mehr, als wenn man herablassend ist, ohne heraufzulassen.

KARL KRAUS

Poesie

Poesie wie Brot? Dieses Brot müßte zwischen den Zähnen knirschen und den Hunger wieder erwecken, ehe es ihn stillt. Und diese Poesie wird scharf von Erkenntnis und bitter von Sehnsucht sein müssen, um an den Schlaf der Menschen rühren zu können.

INGEBORG BACHMANN

Poesie ist fühlendes Denken, denkendes Fühlen.

HUGO VON HOFMANNSTHAL

Pointe

Eine Pointe ist das, was einem nicht einfällt, wenn man es am dringendsten braucht.

PETER WEHLE

Politik

Der Ignorant weiß nichts, der Parteimann will nichts wissen.

MARIE VON EBNER-ESCHENBACH

Politik ist Kunst – nicht Wissenschaft; ihr Schwerpunkt liegt mehr im Instinkt als im Verstande, mehr im Unbewußten als im Bewußten. Darum läßt sich politische Begabung wecken und ausbilden – aber nie erlernen.

RICHARD VON COUDENHOVE-CALERGI

Politik ist so beschaffen, daß faule Früchte nur vom Baum fallen, wenn darunter ein Korb steht, um sie aufzufangen.

HANS HABE

Gäbe es keine Politik, so hätte der Bürger bloß sein Innenleben, also nichts, was ihn ausfüllen könnte.

KARL KRAUS

Nicht die Politik, das heißt nicht die Sorge um das Gemeinwohl verdirbt den Charakter, sondern ein verdorbener Charakter verdirbt die Politik.

JULIUS RAAB

Politik

Politik: Fortsetzung des Krieges mit gefährlichen Drohungen.

ALEXANDER RODA RODA

Politisches Bewußtsein: Sie stecken den Kopf in den Sand – ihres Getriebes.

WERNER SCHNEYDER

Selbst die intimste politische Freundschaft besteht nur darin, daß die eine Hand die andere wäscht, ohne sie naß zu machen.

DANIEL SPITZER

Wahrhaftigkeit und Politik wohnen selten unter einem Dach.

STEFAN ZWEIG

Politiker

Um eine schlechte Sache zu führen, muß man ein guter Politiker sein.

KARL KRAUS

Die Erfolge großer Politiker gehen nicht darauf zurück, daß sie die Politik, sondern daß sie die Menschen kennen.

ALEXANDER LERNET-HOLENIA

Man wähle von zwei Politikern das kleinere Übel.

ALEXANDER RODA RODA

„Ich habe getan, was ich konnte", sagte der Politiker. „Das freut mich", sagte der Teufel.

WERNER SCHNEYDER

Was den allergrößten Schaden bringt, sind die unreifen Politiker, die in Träumen, Deklamationen und Phantasien herumirren, und doch so drängen, daß nur das Ihrige geschehe.

ADALBERT STIFTER

Polizei

Die Polizei kann nicht das wahre Mittel sein gegen das Stehlen, sonst gäb's ja schon lang keine Spur mehr von einem Dieb.

JOHANN NEPOMUK NESTROY

Der Scharfsinn der Polizei ist die Gabe, alle Menschen eines Diebstahls für fähig zu halten, und das Glück, daß sich die Unschuld mancher nicht erweisen läßt.

KARL KRAUS

Der Skandal fängt an, wenn die Polizei ihm ein Ende macht.

KARL KRAUS

Populär

Wenn man etwas populär machen will, braucht man es bloß zu verbieten.

KARL FARKAS

Postkutsche

Für die Wiedereinführung von Postkutschen spricht, daß heutzutage kaum noch welche überfallen werden.

WERNER SCHNEYDER

Potenz

Potenz ist, nur das unternehmen, was man kann. Impotenz ist, nur das unternehmen, was man nicht kann.

PETER ALTENBERG

Presse

Ihr jubelt über die Macht der Presse – graut euch nie vor ihrer Tyrannei?

MARIE VON EBNER-ESCHENBACH

Früher ging die Krankheit zum Arzt. Jetzt, da er krank ist, schmiert sie sich Druckerschwärze auf.

KARL KRAUS

Den Leuten ein X für ein U vormachen – wo ist die Zeitung, die diesen Druckfehler zugibt?

KARL KRAUS

Presse

Die Presse hat auch die Aufgabe, das Gras zu mähen, das über etwas zu wachsen droht.

ALFRED POLGAR

Wenn unsere Minister aufmerksame Zeitungsleser sind, so werden sie bereits darüber unterrichtet sein, was sie im Schilde führen.

DANIEL SPITZER

Prinzip

Prinzipien kann man leichter bekämpfen als nach ihnen leben.

ALFRED ADLER

Grundsätze sind enge Kleider, die einen bei jeder freien Bewegung genieren.

JOHANN NEPOMUK NESTROY

Grundsätze hat jedermann dort, wo er Herr ist.

RICHARD VON SCHAUKAL

Wer den Prinzipien nicht getreu zu leben versteht, die er verkündigt, ist ein Hochstapler, und ein umso schlimmerer, je ernsthafter er selbst an diese Prinzipien glaubt.

ARTHUR SCHNITZLER

Problem

Ganze Sachen sind immer einfach, wie die Wahrheit selbst. Nur die halben Sachen sind kompliziert.

HEIMITO VON DODERER

Prophet

Echte Propheten haben manchmal, falsche Propheten haben immer fanatische Anhänger.

MARIE VON EBNER-ESCHENBACH

Prostitution

Prostitution ist nur eine Fata Morgana des Sexuellen für Wanderer in der Wüste der Entbehrung.

HEIMITO VON DODERER

Prostitution

Um die Prostitution abzuschaffen, müßte man die Männer abschaffen.

KAISERIN MARIA THERESIA

Psychiater

Der Unterschied zwischen den Psychiatern und den anderen Geistesgestörten, das ist etwa das Verhältnis von konvexer und konkaver Narrheit.

KARL KRAUS

Psychoanalyse

Psychoanalyse ist die Geisteskrankheit, für deren Therapie sie sich hält.

KARL KRAUS

Psychoanalyse ist mehr eine Leidenschaft als eine Wissenschaft.

KARL KRAUS

Psychologie

Die Psychologie befaßt sich mit den einzelnen Wellen des Baches. Aber hat ein Bach je aus Wellen bestanden?

KARL KRAUS

Publikum

Der Dichter soll immer verständlich sein und das Publikum immer verständig.

WILHELM FISCHER

Es gibt Abende, an denen nicht das Schauspiel, sondern das Publikum durchfällt.

MAX REINHARDT

Nicht immer sind an einem Mißerfolg die Sänger schuld. Es gibt auch indisponiertes Publikum.

LEONIE RYSANEK

Pünktlichkeit

Auf den pünktlichen Menschen lastet ein Fluch: sie müssen auf die unpünktlichen warten.

ALEXANDER RODA RODA

R

Rache

Was du nicht willst, das man dir tu, das füge flugs dem andern zu.

RICHARD VON SCHAUKAL

Rache und immer wieder Rache! Keinem vernünftigen Menschen wird es einfallen, Tintenflecken mit Tinte, Ölflecken mit Öl wegputzen zu wollen – nur Blut, das soll immer wieder mit Blut ausgewaschen werden.

BERTHA VON SUTTNER

Alles Böse ist Rache.

OTTO WEININGER

Rat

Höre auf jeden Rat – und befolge keinen. Also auch diesen nicht.

ALEXANDER RODA RODA

Eine Frau holt gerne den Rat ihres Mannes ein, schon deshalb, um ihn nicht zu befolgen.

ARTHUR SCHNITZLER

Die guten Ratschläge verdanken ihren ausgezeichneten Ruf dem Umstand, daß sie niemals befolgt werden.

DANIEL SPITZER

Raucher

Auch Nichtraucher müssen sterben.

FRIEDRICH TORBERG

Realität

Keine meiner Übertreibungen war so maßlos wie die Wirklichkeit.

PETER TURRINI

Rechnen

Rechnen ist so einfach; aber falsch rechnen, da kennt man sich dann gar nicht mehr aus.

PETER ALTENBERG

Recht

Der größte Feind des Rechtes ist das Vorrecht.

MARIE VON EBNER-ESCHENBACH

Das Recht des Stärkeren ist das stärkste Unrecht.

MARIE VON EBNER-ESCHENBACH

Man kann nicht jedes Unrecht gut, wohl aber jedes Recht schlecht machen.

MARIE VON EBNER-ESCHENBACH

Recht und Freiheit sind ein paar bedeutungsvolle Worte, aber nur in der einfachen Zahl unendlich groß, drum hat man sie auch immer nur in der wertlosen vielfachen Zahl gegeben.

JOHANN NEPOMUK NESTROY

Außer dem Licht wird nichts auf Erden so oft gebrochen wie das Recht.

ALFRED POLGAR

Recht ist der Schutz des Menschen vor dem Menschen durch den Menschen um Gottes Willen.

FRANZ WERFEL

Rechthaberei

Viele werden einst recht haben – es wird aber Recht von dem Unrecht sein, das ich heute habe.

KARL KRAUS

Immerfort recht zu behalten, ist das sicherste Mittel, sich unbeliebt zu machen.

ALEXANDER LERNET-HOLENIA

Reden

Am entzückendsten spricht der Verschwiegenste: seine Rede hat, was jede Kunstleistung auszeichnet – sie ist indirekt.

HEIMITO VON DODERER

Redakteur Es gibt Leute, die in öffentlichen Lokalen nur deshalb geduldet werden, weil sie nicht bezahlen. Man nennt sie Redakteure.

KARL KRAUS

Reflektieren Früher hat man ganz einfach nachgedacht; heute reflektiert man.

PAUL HÖRBIGER

Reform Reform hat keine Lieder.

HANS HABE

Regel Ausnahmen sind nicht immer Bestätigung der alten Regel. Sie können auch Vorboten einer neuen Regel sein.

MARIE VON EBNER-ESCHENBACH

Regierung Sie werden es nicht glauben, aber es gibt soziale Staaten, die von den Klügsten regiert werden: das ist bei den Pavianen der Fall.

KONRAD LORENZ

Die Frage, wer an die Macht kommen soll, ist falsch gestellt. Es genügt, wenn eine schlechte Regierung abgewählt werden kann.

KARL RAIMUND POPPER

In manchen Ländern sind Satiriker überflüssig; die Regierung macht sich selbst lächerlich.

ALEXANDER RODA RODA

Regisseur Eine Diskussion mit dem Regisseur beginnen Schauspieler immer dann, wenn sie den Text nicht kennen.

OTTO SCHENK

Reichtum

Die meisten reichen Leute fürchten sich so vorm Sterben. Sie sind doch schon alle tot bei Lebzeiten, was gibt's da noch für ein Sterben?

PETER ALTENBERG

Reich ist man, wenn man etwas hat, das mehr ist als materielle Dinge.

INGEBORG BACHMANN

Jeder ist so reich, wie er sich fühlt.

RUDOLF HANS BARTSCH

Menschen, die nach immer größerem Reichtum jagen, ohne sich jemals Zeit zu gönnen, ihn zu genießen, sind wie Hungrige, die immerfort kochen, sich aber nie zu Tisch setzen.

MARIE VON EBNER-ESCHENBACH

Die schönen Tage sind das Privileg der Reichen. Aber die schönen Nächte sind das Monopol der Glücklichen.

JOHANN NESTROY

Es gibt keinen Ärmeren als den Reichen, der nicht weiß, wie zu verschwenden.

ARTHUR SCHNITZLER

Wie die reichen Leute behaupten, dauert die Geldnot bei ihnen noch immer an.

DANIEL SPITZER

Der sicherste Reichtum ist die Armut an Bedürfnissen.

FRANZ WERFEL

Reife

Reif ist, wer auf sich selbst nicht mehr hereinfällt.

HEIMITO VON DODERER

Reise

Der Reisende sieht sich die Welt an; aber das hat zur Folge, daß er sich die einzige Welt, die wirklich ist, nämlich seine eigene, niemals ansieht.

EGON FRIEDELL

Manche Menschen reisen hauptsächlich in den Urlaub, um Ansichtskarten zu kaufen, obwohl es doch vernünftiger wäre, sich diese Karten kommen zu lassen.

ROBERT MUSIL

Reiseerfahrung: Jede Reise ist um die letzte Stunde zu lang.

ALFRED POLGAR

Auch glücklich landende Reisegesellschaften kann man Flugkatastrophen nennen.

WERNER SCHNEYDER

Der hauptsächlichste Nutzen des Reisens besteht darin, die zahllosen Methoden kennenzulernen, wie man am unpraktischsten Fenster verschließt.

DANIEL SPITZER

Religion

Es ist Religion, an keinen Gott zu glauben – ihn glauben heißt, ihn lästern.

LUDWIG ANZENGRUBER

Die Irreligiösen sind religiöser, als sie selbst wissen, denn die Religiösen sind's weniger, als sie meinen.

FRANZ GRILLPARZER

Religion ist die Poesie der unpoetischen Menschen.

FRANZ GRILLPARZER

Wenn Gott aus dem Nebenzimmer Bettknarren gehört hätte, hätte er den Menschen nicht erschaffen.

ANTON KUH

Religion

Die Sünden sind die Pfeiler der Religion.

HANS LOHBERGER

Religion ist Bewußtsein der Rückverbundenheit des Menschen in Gott.

OTHMAR SPANN

Religion als Wahnsinn ist Wahnsinn aus Irreligiosität.

LUDWIG WITTGENSTEIN

Resignation

Nichts ist erbärmlicher als die Resignation, die zu früh kommt.

MARIE VON EBNER-ESCHENBACH

Die edelste Nation unter allen Nationen ist die Resignation.

JOHANN NEPOMUK NESTROY

Einmal werden die Tage kürzer, dann wieder die Nächte. Immer wieder diese Resignation.

WERNER SCHNEYDER

Respekt

Was einer von mir hält, daran erkenne ich ihn.

KARL HEINRICH WAGGERL

Reue

Reue ist eine nachträglich entrichtete Vergnügungssteuer.

SENTA BERGER

Was ist Reue? Eine große Trauer darüber, daß wir sind, wie wir sind.

MARIE VON EBNER-ESCHENBACH

Reue ist Verstand, der zu spät kommt.

ERNST VON FEUCHTERSLEBEN

Revolution

Jede Revolution ist viel weniger Bauplatz der Zukunft als Auktion der Vergangenheit.

HEIMITO VON DODERER

Revolution ist Machtergreifung von Prinzipien, ihre Grundsätze werden eure Gesetze sein.

OSWALD WIENER

Revolutionär

Es ist bekannt, daß der radikalste Revolutionär am Tag nach der Revolution ein Konservativer wird.

HANNAH ARENDT

Die Rache der Geschichte an jungen Revolutionären besteht darin, daß sie in späteren Jahren mit Frack und Orden zum Opernball gehen müssen.

BRUNO KREISKY

Revolutionär wird der sein, der sich selbst revolutionieren kann.

LUDWIG WITTGENSTEIN

Rezensent

Es gibt Rezensenten, die lehnen Schinkenbrötchen ab, um nicht in den Ruf der Bestechlichkeit zu kommen. So hoch schätzen sie die Schinkenbrötchen.

ANTON KUH

Nullen – man mag sich mit ihnen abfinden, es gibt so viele. Aber eine Null und frech dazu, das ist der Rezensent.

ARTHUR SCHNITZLER

Rheumatismus

An Rheumatismen und an wahre Liebe glaubt man erst, wenn man davon befallen wird.

MARIE VON EBNER-ESCHENBACH

Richtig

In zweifelhaften Fällen entscheide man sich für das Richtige.

KARL KRAUS

Rohes Ei

Wer dauernd wie ein rohes Ei behandelt wird, muß mit der Zeit faul werden.

LORE KRAINER

Roman

Man kann in diesem Zeitalter Romane nicht mehr lesen – höchstens noch schreiben.

ROBERT NEUMANN

Ruder

Schade, daß die meisten sofort aufhören zu rudern, wenn sie ans Ruder gekommen sind.

ALFRED POLGAR

Ruf

Man hat einen zu guten oder einen zu schlechten Ruf; nur den Ruf hat man nicht, den man verdient.

MARIE VON EBNER-ESCHENBACH

Im Leben hat man meistens zwischen dem guten Ruf und dem Vergnügen zu wählen. Und man erkennt, daß der gute Ruf kein Vergnügen ist.

ALFRED POLGAR

Die Unverdorbenen kommen leicht in den Ruf, unverbesserlich zu sein.

DANIEL SPITZER

Ruhe

Wenn wir die ersehnte Ruhe endlich haben werden, werden wir nichts mehr von ihr haben.

MARIE VON EBNER-ESCHENBACH

Ruhm

Ruhm bringt immer Einsamkeit. Erfolg ist so eiskalt und einsam wie der Nordpol.

VICKI BAUM

Und die Größe ist gefährlich und der Ruhm ein leeres Spiel.

FRANZ GRILLPARZER

Frauen haben ein zartes Organ, den Ruhm rein aufzunehmen wie einen Duft des Himmels.

HUGO VON HOFMANNSTHAL

Ruhm bedeutet vor allem, daß man im richtigen Zeitpunkt stirbt.

ALFRED POLGAR

Ruhm ist nichts weiter als die Summe der Mißverständnisse, die sich um einen Namen sammeln.

RAINER MARIA RILKE

Je kleiner der Souverän, desto größer der Orden.

DANIEL SPITZER

Auch der Ruhm ist nur ein goldener Lichtstrahl, der im Nebel der Vergessenheit erlischt.

DANIEL SPITZER

Sachlich

Warum denn immer gleich sachlich werden, wenn es auch persönlich geht?

ANDRÉ HELLER

Sänger

Nicht immer sind an einem Mißerfolg die Sänger schuld. Es gibt auch indisponiertes Publikum.

LEONIE RYSANEK

Satire

Der echte Satiriker zieht, was er ins Lächerliche zieht, mit dem gleichen Griff auch ins Ernsteste.

ALFRED POLGAR

Satire: Weisheit, die sich geärgert hat.

ALEXANDER RODA RODA

Unter Umständen ist die Satire gewiß eine gute Sache, allein sie versengt die Herzlichkeit und ist in Gesellschaft, wo das Gemütsleben vorherrschen soll, nicht immer gut angebracht.

PETER ROSEGGER

Satire ist die Kunst, einem anderen so auf den Fuß zu treten, daß er es merkt, aber nicht aufschreit.

HELMUT QUALTINGER

Die Satire ist die Sonne, welche die Butter auf den Köpfen der Frechen bescheint.

DANIEL SPITZER

Es ist schwer, eine Satire zu schreiben – und doch wissen die meisten diese Schwierigkeit zu überwinden.

DANIEL SPITZER

In unserer Ära der Unbedeutenden wird die Satire immer schwieriger. Was sind das für Menschen, die sich heute blamieren!

DANIEL SPITZER

Satire

Eine Satire muß nicht humoristisch und nicht witzig sein. Aber ihr Autor muß über Humor und Witz verfügen. Nur wer zu lachen vermag, dem kann das Lachen vergehen.

HANS WEIGEL

Schach

Liebe ist wie Schach: manchmal spielt man blind, manchmal simultan – und immer ist die Dame die stärkste Figur.

KARL FARKAS

Schaden

Die Fähigkeit und Neigung, Schaden zu stiften, steht bei höheren Tieren leider in geradem Verhältnis zu ihrer geistigen Höhe.

KONRAD LORENZ

Schäferstündchen

Zu einem Schäferstündchen gehören vor allem eine Schäferin und ein Hammel.

MAX PALLENBERG

Schaffen

Mit Klugheit läßt sich viel erreichen, aber nur der Glückliche schafft das Große.

BRUNO ERTLER

Scham

Der Verlust von Scham ist das erste Zeichen von Schwachsinn.

SIGMUND FREUD

Das Schöne, auch in der Kunst, ist ohne Scham nicht denkbar.

HUGO VON HOFMANNSTHAL

Sie hatte so viel Schamgefühl, daß sie errötete, wenn man sie bei keiner Sünde ertappte.

KARL KRAUS

Scham

Die weibliche Schamhaftigkeit ist nichts anderes als Prüderie, das heißt, eine demonstrative Verleugnung und Abwehr der eigenen Unkeuschheit.

OTTO WEININGER

Schauen

Der Mensch schaut lieber durch das Schlüsselloch als durch das Fernrohr.

KARL FARKAS

Schauspiel

Es gibt Abende, an denen nicht das Schauspiel, sondern das Publikum durchfällt.

MAX REINHARDT

Schauspieler

Das Problem der Schauspielerehen liegt darin, daß man zu Hause weiterspielt.

FRANZ ANTEL

Das Mitspracherecht des Schauspielers ist der Text.

FRITZ KORTNER

Die neue Schauspielkunst: Dilettanten ohne Lampenfieber.

KARL KRAUS

Früher waren die Dekorationen von Pappe und die Schauspieler echt. Jetzt sind die Dekorationen über jeden Zweifel erhaben und die Schauspieler von Pappe.

KARL KRAUS

Ein Schauspieler ist ein Mensch, dem es gelungen ist, die Kindheit in die Tasche zu stecken und sie bis an sein Lebensende darin aufzubewahren.

MAX REINHARDT

Manche Schauspieler sind so begabt, daß sie selbst im Leben wie echt wirken.

ALEXANDER RODA RODA

Schauspieler

Eine Diskussion mit dem Regisseur beginnen Schauspieler immer dann, wenn sie den Text nicht kennen.

OTTO SCHENK

Scheidung

Ein Scheidungsanwalt ist ein Fachmann für Ehebruchrechnen.

FRITZ MULIAR

Schein

Zerstören Sie einem Menschen seinen Schein, und Sie werden sehen, wie schnell auch das Sein zu Ende ist.

GEORG KREISLER

Scheinheilig

Moralische Entrüstung ist der Heiligenschein des Scheinheiligen.

HELMUT QUALTINGER

Scherz

Frauenzimmer haben in der Regel keinen Sinn für Scherz, sie goutieren ihn nur, wenn sie gerade in lustiger Stimmung sind.

FRANZ GRILLPARZER

Schicksal

Ich will dem Schicksal in den Rachen greifen, niederzwingen soll es mich gewiß nicht.

LUDWIG VAN BEETHOVEN

Wir werden vom Schicksal hart oder weich geklopft, es kommt auf das Material an.

MARIE VON EBNER-ESCHENBACH

Viele glauben an ihr Schicksal. Warum nicht an ihre Fehler und Irrtümer?

GRETE KÖRBER

Ich glaube, daß ein Mensch sehr wohl die Linien seines Schicksals erkennen kann, wenn er nur aufmerksam genug ist. Er wird auch von einer inneren Stimme gewarnt. Aber er muß sie hören und ihr zuhören können.

ALMA MAHLER-WERFEL

Schicksal

Mancher Mensch kann sein Schicksal nicht erwarten.

JOHANN NEPOMUK NESTROY

Das Schicksal setzt den Hobel an und hobelt alles gleich.

FERDINAND RAIMUND

Das Schicksal kommt in Schuhgröße 41 bis 45 und tritt alles platt.

MARIA SCHELL

Nicht von der Größe einer Sache ist dein Schicksal bedingt, sondern von deiner Kraft, dich über sie zu erheben.

KARL HEINRICH WAGGERL

Man soll das Schicksal nicht mit Vorschlägen verärgern, es legt zuviel Wert auf seine eigenen Einfälle.

KARL HEINRICH WAGGERL

Schlaf

Auf jeden Mann, der im Schlaf redet, kommen mindestens zehn, die schweigen und dazu selig lächeln.

KARL FARKAS

Schlaf ist das einzige Glück, das man erst recht genießt, wenn es vorbei ist.

ALFRED POLGAR

Der Schlaf der Ungerechten ist tief und sehr schwer zu stören.

HELMUT QUALTINGER

Du weißt, in Träumen kann so vielerlei geschehen. Und es kann so verwandelt sein. Wie eine Blume lautlos schläfst du ein, und du erwachst vielleicht mit einem Schrei.

RAINER MARIA RILKE

Schlaf

Das ist ein gefährlicher Narr, der einen Schlafenden mit einem Dolch in der Herzgegend kitzelt, um ihn aufzuwecken.

ARTHUR SCHNITZLER

Schlager

Es gibt Schlager, die über Nacht berühmt werden und vergessen von einem Tag zum andern, denn über Nacht muß immer etwas gegen die Stille getan werden, die im Nachrücken ist.

INGEBORG BACHMANN

Deutschland ist das einzige Land, in dem die Schlagersänger so aussehen wie ihre Lieder.

ANDRÉ HELLER

Schlagwort

Schlagwort: der Buchstabe als Fetisch.

HANS LOHBERGER

Schlagworte sind Kommandos der Dummheit.

HANS LOHBERGER

Eine mit Schlagworten geohrfeigte Zeit produziert eine geschwollene Literatur.

ALFRED POLGAR

Schlecht

Ich glaube von jedem Menschen das Schlechteste, selbst von mir, und ich hab' mich noch selten getäuscht.

JOHANN NEPOMUK NESTROY

Schlüsselloch

Der Mensch schaut lieber durch das Schlüsselloch als durch das Fernrohr.

KARL FARKAS

Schlußfolgerung

Ist es nicht merkwürdig, daß die Menschen lieber die Säbel ziehen als nützliche Schlußfolgerungen.

ALFRED POLGAR

Schmeichelei

Wenn wir auch der Schmeichelei keinen Glauben schenken, der Schmeichler gewinnt uns doch.

MARIE VON EBNER-ESCHENBACH

Schmeichelhaftes mit Würde kann nur ein Mann in mittleren Jahren aussprechen.

HUGO VON HOFMANNSTHAL

Soll Schmeichelei nur allein ein Vorrecht der Paläste sein? Sie stammt von Bettlern ab, weil sie von Geistesarmut zeugt.

FERDINAND RAIMUND

Schmerz

Tue niemandem zufällig weh, sondern nur, wenn du es willst und mußt.

PETER ALTENBERG

Seinen tiefsten Schmerz halte jeder geheim.

ELIAS CANETTI

Schmerz schärft den Verstand und stärkt das Gemüt; dahingegen Freude sich um jenen selten bekümmert und dieses verweichlicht oder frivol macht.

FRANZ SCHUBERT

Ich gebe den Schmerz nicht her, weil ich sonst auch das Göttliche hergeben müßte.

ADALBERT STIFTER

Der Schmerz ist ein heiliger Engel, und durch ihn sind Menschen größer geworden als durch alle Freuden der Welt.

ADALBERT STIFTER

Nur nie – nie jemandem wehe tun!

BERTHA VON SUTTNER

Schönheit

Tugend ist menschlich – Schönheit göttlich.

RICHARD VON COUDENHOVE-CALERGI

Verständnis des Schönen und Begeisterung für das Schöne sind eins.

MARIE VON EBNER-ESCHENBACH

Was uns an der sichtbaren Schönheit entzückt, ist ewig nur die unsichtbare.

MARIE VON EBNER-ESCHENBACH

Halte dich an das Schöne! Vom Schönen lebt das Gute im Menschen und auch seine Gesundheit.

ERNST VON FEUCHTERSLEBEN

Die Schönheit ist die vollkommene Übereinstimmung des Sinnlichen mit dem Geistigen.

FRANZ GRILLPARZER

Denn wessen Geist das Schöne überhaupt erfaßt, der kann auch nicht an irgendeiner Art des Schönen stumpf vorübergehen.

HUGO VON HOFMANNSTHAL

Innere Schönheit ist noch seltener geworden als ihr Entdecker.

GRETE KÖRBER

Eine Frau, die nicht häßlich sein kann, ist nicht schön.

KARL KRAUS

Die Frage ist nicht, ob eine schöne Frau schön genug für die Rolle ist. Die Frage ist, ob die Rolle schön genug für eine schöne Frau ist.

OTTO PREMINGER

Schönheit

Alle, die in Schönheit gehn, werden in Schönheit auferstehn.

RAINER MARIA RILKE

Eine Schönheit soll den Menschen durch das ganze Leben begeistern, wahr ist es; doch soll der Schimmer dieser Begeisterung alles andere erhellen.

FRANZ SCHUBERT

Das Schöne ist das Sittengesetz in seiner Entfaltung und durch sinnliche Mittel wahrnehmbar.

ADALBERT STIFTER

Es ist ein sanftes Gesetz der Schönheit, das uns zieht. Aber ich mußte die ganze Welt durchziehen, bis ich lernte, daß sie im Herzen liegt.

ADALBERT STIFTER

Schöpfung

Die Absicht, daß der Mensch glücklich sei, ist im Plan der Schöpfung nicht enthalten.

SIGMUND FREUD

Schrecken

In einem Tag kann man die Schrecken der Hölle erleben; es ist reichlich genug Zeit dazu.

LUDWIG WITTGENSTEIN

Schreiben

Schreiben heißt, von einer sehr merkwürdigen Arbeit existieren, von der man nicht verlangen darf, daß die Gesellschaft sie als Beruf, als nützlich und notwendig anerkennt.

INGEBORG BACHMANN

Warum schreibt mancher? Weil er nicht genug Charakter hat, nicht zu schreiben.

KARL KRAUS

Schriftsteller

Je mehr geschrieben wird, je weniger wird der Schriftsteller geschätzt.

MARIE VON EBNER-ESCHENBACH

Im Anfang war das Wort. Wir kommen von dort und gehen dorthin. Die Existenz eines Schriftstellers ist daher nur als universal denkbar.

HEIMITO VON DODERER

Einer der wichtigsten Rangunterschiede unter den Schriftstellern besteht darin, ob sie bloß selber denken oder ob sie auch die übrige Welt zum Selbstdenken bringen.

EGON FRIEDELL

Eine schriftstellerische Unternehmung müßte etwas von einem Handstreich haben; in jedem Sinn.

PETER HANDKE

Selbstvergessenheit, nicht Wahrheit – Selbstvergessenheit ist die erste Voraussetzung des Schriftstellertums.

FRANZ KAFKA

Dieses ganze Schreiben ist nichts als die Fahne des Robinson auf dem höchsten Punkt der Insel.

FRANZ KAFKA

Man muß alle Schriftsteller zweimal lesen, die guten und die schlechten. Die einen wird man erkennen, die andern entlarven.

KARL KRAUS

Im Umgang mit der Sprache steht der Schriftsteller vor der Aufgabe, eine allgemeine Dirne zu einer Jungfrau zu machen.

KARL KRAUS

Schriftsteller

Der gutgekleidete Literat: ein Gigolo, der nicht tanzen kann.

ANTON KUH

Schriftsteller, die ununterbrochen den Tiefgang suchen, kommen mir vor wie Taucher in einer Badewanne.

ALFRED POLGAR

Ein Schriftsteller ist die Personalunion aus Blut und Tinte.

JOACHIM RIEDL

Schürzenjäger

Die Schürze hat den Schürzenjäger schon immer am allerwenigsten interessiert.

KARL FARKAS

Schuld

Wer vom Tod besessen ist, wird durch ihn schuldig.

ELIAS CANETTI

Schuld und Strafe sind nicht zweierlei.

OTTO WEININGER

Schulden

Es wäre der größte Leichtsinn, Schulden zu machen, wenn man die Absicht hätte, sie zu bezahlen.

EGON FRIEDELL

Schuldner

Die größte Mehrheit auf der Welt sind die Schuldner.

KARL FARKAS

Schwäche

Man liebt einen Menschen nicht wegen seiner Stärke, sondern wegen seiner Schwächen.

TILLA DURIEUX

Die Willenskraft der Schwachen heißt Eigensinn.

MARIE VON EBNER-ESCHENBACH

Schwäche

Die stärkste Kraft reicht nicht an die Energie heran, mit der manch einer seine Schwäche verteidigt.

KARL KRAUS

Der Schwache zweifelt vor der Entscheidung, der Starke hinterher.

KARL KRAUS

Schwätzer

Wenn ein Schwätzer einen Tag lang keinen Hörer hat, wird er heiser.

KARL KRAUS

Schweigen

Menschentum ist – schweigen, wenn Geist und Seele nicht sprechen.

PETER ALTENBERG

Auf jeden Mann, der im Schlaf redet, kommen mindestens zehn, die schweigen und dazu selig lächeln.

KARL FARKAS

Stummheit gehört zu den Attributen der Vollkommenheit.

FRANZ KAFKA

Die Frauen sind die besten, mit denen man am wenigsten spricht.

KARL KRAUS

Sprechen heißt urteilen, Schweigen heißt geurteilt haben.

HANS LOHBERGER

Es gibt kaum etwas Schöneres, als dem Schweigen eines Dummkopfs zuzuhören.

HELMUT QUALTINGER

Wer schweigt, verrät nichts außer sich.

WERNER SCHNEYDER

Schweigen

Schweigen ist ein köstlicher Genuß, aber um ihn ganz auszuschöpfen, muß man einen Gefährten haben. Allein ist man nur stumm.

KARL HEINRICH WAGGERL

Worüber man nicht sprechen kann, darüber muß man schweigen.

LUDWIG WITTGENSTEIN

Schwimmen

Ob zwei verheiratet sind, hast du bald heraus. Gehen sie miteinander ins Wasser, dann sind sie ein Liebespaar. Geht er allein und sie allein, dann sind sie verheiratet. Ruft er ihr nach: „Schwimm aber nicht zu weit hinaus“, dann sind sie's noch nicht lange.

ALFRED POLGAR

Seele

Was die Seele betrifft, ist das einzige Prinzip, keine Prinzipien zu haben.

PETER ALTENBERG

Liebe ist die Phantasie der Seele – Gerechtigkeit deren Logik.

RICHARD VON COUDENHOVE-CALERGI

Die an der Seele Defektuösen kennen und wittern einander.

HUGO VON HOFMANNSTHAL

Die Seele ist jene Welt, die wir uns selber schaffen.

HANS LOHBERGER

Glück ist die Gesundheit der Seele.

HANS LOHBERGER

Gib der Seele einen Sonntag und dem Sonntag eine Seele.

PETER ROSEGGER

Seele

Kostümierte Affekte sind Snobismen der Seele.

RICHARD VON SCHAUKAL

Seelenmörder verschiedener Art, zynische und sentimentale.

ARTHUR SCHNITZLER

Die Kinderkrankheiten der Seele brechen oft erst bei den Erwachsenen aus.

HANS WEIGEL

Der Mensch ist das beste Bild der menschlichen Seele.

LUDWIG WITTGENSTEIN

Sehenswürdigkeit

Die meisten sogenannten Sehenswürdigkeiten sind vom vielen Hinschauen schon ganz abgenutzt.

HELMUT QUALTINGER

Sehnsucht

Es ist immer seltsam, wenn eine Sehnsucht in Erfüllung geht. Denn es geht ja damit immer eine Sehnsucht verloren.

HERMANN BAHR

Die Gnade der Sehnsucht hat manchem bis ins Alter die Jugend bewahrt.

GRETE KÖRBER

Unser Wille ist nur der Wind, der uns drängt und dreht; weil wir selber die Sehnsucht sind, die in Blüten steht.

RAINER MARIA RILKE

Sein

Sei, der du bist, nicht mehr, nicht weniger, aber der sei!

PETER ALTENBERG

Sein

Zerstören Sie einem Menschen seinen Schein, und Sie werden sehen, wie schnell auch das Sein zu Ende ist.

GEORG KREISLER

Selbermachen

Alles selbst machen zu wollen, ist das Kennzeichen des Unbegabten.

RICHARD SCHAUKAL

Selbstachtung

Wir verbringen einen großen Teil des Lebens damit, die Achtung anderer zu erwerben. Aber Selbstachtung zu gewinnen, darauf verwenden wir wenig Zeit.

JOSEPH VON STERNBERG

Selbstbefriedigung

Das Ungesunde an der Selbstbefriedigung ist, daß es sie nicht gibt.

WERNER SCHNEYDER

Selbstbeherrschung

Wer sich gehen läßt, verliert sich, wer sich beherrscht, findet sich. Wer sein Gesicht wahrt, wahrt seine Seele.

RICHARD VON COUDENHOVE-CALERGI

So weit deine Selbstbeherrschung geht, so weit geht deine Freiheit.

MARIE VON EBNER-ESCHENBACH

Selbstbetrug

Nichts ist so schwer, als sich nicht zu betrügen.

LUDWIG WITTGENSTEIN

Selbstgespräch

Selbstgespräche geben einem die Chance, auf jeden Fall recht zu behalten.

HELMUT QUALTINGER

Selbstkritik

Wir sind leicht bereit, uns selbst zu tadeln, unter der Bedingung, daß niemand einstimmt.

MARIE VON EBNER-ESCHENBACH

Selbstkritik

Besser mit der Hand an seine Brust schlagen, als mit dem Finger auf andere deuten.

JOHANN MICHAEL SAILER

Selbstkritik ist die Kunst, auf dem Teppich zu bleiben, obwohl das Parkett so schön glänzt.

PETER WECK

Selbstlosigkeit

Bis zu einem gewissen Grade selbstlos sollte man schon aus Selbstsucht sein.

MARIE VON EBNER-ESCHENBACH

Selbstlosigkeit ist Eigenliebe, die sich schämt.

HANS LOHBERGER

Selbstvertrauen

Wer hat nicht schon das, was er sich zutraut, für das gehalten, was er vermag?

MARIE VON EBNER-ESCHENBACH

Selten

Nur das Seltene erweitert unseren Sinn.

STEFAN ZWEIG

Senilität

Das Gute an der Senilität ist, daß sie einen selbst hindert, sie zu bemerken.

ALFRED POLGAR

Sexualität

Sexuelle Dinge besprechen?!? Wie wenn ein Botaniker sagte: Wir wollen uns auf das Wurzelleben der Pflanze nicht weiter einlassen ...

PETER ALTENBERG

Geld und Sexualität sind die reellen Mysterien des Lebens.

PETER ALTENBERG

Sexualität

Sex ist die Kunst, Erwartungen zu wecken, die gar nicht geschlafen haben.

SENTA BERGER

Die Wollust liebt die Mittel, nicht den Zweck.

HUGO VON HOFMANNSTHAL

Tänzerinnen haben die Sexualität in den Beinen, Tenöre im Kehlkopf. Darum täuschen sich die Frauen in den Tenören und die Männer in den Tänzerinnen.

KARL KRAUS

Die schlecht verdrängte Sexualität hat manchen Haushalt verwirrt; die gut verdrängte aber die Weltordnung.

KARL KRAUS

Es ist höchste Zeit, daß die Kinder die Eltern über die Geheimnisse des Geschlechtslebens aufklären.

KARL KRAUS

Vieles, was bei Tisch geschmacklos ist, ist im Bett eine Würze. Und umgekehrt. Die meisten Verbindungen sind darum so unglücklich, weil diese Trennung von Tisch und Bett nicht vorgenommen wird.

KARL KRAUS

Kokotten sind Falschspielerinnen der Liebe.

DANIEL SPITZER

Sexbombe

Sexbomben sind Damen, die ihre eigenen Sehenswürdigkeiten mitbringen.

FRANZ ANTEL

Sicherheit

Zwei Stricke halten besser als einer!

PETER ALTENBERG

Sicherheit Unsicherheit, Kennzeichen des Tölpels, ist das Ehrenzeichen der Intelligenz.

OSWALD WIENER

Sieg Der moralische Sieg ist es, der sich am leichtesten zu Tode siegt.

HUGO VON HOFMANNSTHAL

Silberne Hochzeit Ob zwei Leute gut getan haben, einander zu heiraten, kann man bei ihrer Silbernen Hochzeit noch nicht wissen.

MARIE VON EBNER-ESCHENBACH

Sinn Die Frage ist falsch gestellt, wenn wir nach dem Sinn unseres Lebens fragen. Das Leben ist es, das Fragen stellt; wir sind die Befragten, die zu antworten haben.

VIKTOR E. FRANKL

Im Moment, da man nach Sinn und Wert des Lebens fragt, ist man krank.

SIGMUND FREUD

Der Mann hat fünf Sinne, das Weib bloß einen.

KARL KRAUS

Für neunzig Prozent der Menschen besteht der Sinn des Lebens darin, es zu fristen.

HELMUT QUALTINGER

Sintflut Bei der nächsten Sintflut wird es keine Arche Noah geben.

HANS HABE

Sittlichkeit

Sittlichkeit ist das, was ohne unzüchtig zu sein mein Schamgefühl gröblich verletzt.

KARL KRAUS

Skandal

Der Skandal fängt an, wenn die Polizei ihm ein Ende bereitet.

KARL KRAUS

Sklave

Die glücklichen Sklaven sind die erbittertsten Feinde der Freiheit.

MARIE VON EBNER-ESCHENBACH

Es ist ein Triumph für den Sklaven, wenn er sich nicht zu seinem Herrn erheben kann, ihn zu sich herabzuziehen.

JOHANN NEPOMUK NESTROY

Snob

Der Snob ist unverläßlich. Das Werk, das er lobt, kann gut sein.

KARL KRAUS

Softie

Ein Softie ist ein Macho, der mit den Waffen der Frau arbeitet.

RAINHARD FENDRICH

Sohn

Mir war der verlorne Sohn immer verächtlich, aber nicht deswegen, weil er ein Schweinehirt war, sondern weil er wieder nach Haus gekommen ist.

JOHANN NEPOMUK NESTROY

Solist

Niemand haßt den Solisten so wie der Chor, aus dem er hervorgegangen ist.

WERNER SCHNEYDER

Sonne

Nichts Schöneres unter der Sonne, als unter der Sonne zu sein.

INGEBORG BACHMANN

Sonne Die Sonne ist eine Art von Inspiration; man soll sie darum nicht immer haben.

ELIAS CANETTI

Denn immer, immer wieder geht die Sonne auf.

UDO JÜRGENS

Der Anspruch auf den Platz an der Sonne ist bekannt. Weniger bekannt ist, daß sie untergeht, sobald er errungen ist.

KARL KRAUS

Scheint die Sonne noch so schön, einmal muß sie untergehn.

FERDINAND RAIMUND

Die Sonne geht im Osten auf, wandert entsetzt weiter, erträgt auch den Westen nicht und geht endgültig unter.

WERNER SCHNEYDER

Sonntag Den Sonntag erleben heißt auf den Namen des Alltags vergessen.

BRUNO ERTLER

Sorge Kein Mensch wird alle seine Sorgen mit einem Schlag los – es sei denn, er ist Boxer.

LORE KRAINER

Wie einfach wäre das Leben, wenn sich die unnötigen Sorgen von den echten unterscheiden ließen.

KARL HEINRICH WAGGERL

Sozial Sie werden es nicht glauben, aber es gibt soziale Staaten, die von den Klügsten regiert werden: das ist bei den Pavianen der Fall.

KONRAD LORENZ

Sozialpolitik

Sozialpolitik ist der verzweifelte Entschluß, an einem Krebskranken eine Hühneraugenoperation vorzunehmen.

KARL KRAUS

Spät

Die Menschen fragen sich immer: *Wie spät* ist es?

EGON FRIEDELL

Sparsamkeit

Sparsamkeit ist eine Tugend, die man vor allem an den Vorfahren schätzt.

WERNER SCHNEYDER

Spiegel

Mancher müßte in einen Zerrspiegel schauen, um erträglich auszusehen.

ÖDÖN VON HORVÁTH

Spiel

Man ist sozusagen selbst nur ein Instrument, auf dem das Universum spielt.

GUSTAV MAHLER

Ich spiele natürlich nur zum Vergnügen. Wenn ich aber nicht gewinne, macht es mir kein Vergnügen.

ALEXANDER RODA RODA

Spießer

Die Phantasielosigkeit des Spießers ist noch größer als seine Feigheit.

FRANZ WERFEL

Sport

Jeder Sport macht aus der romantischen Natur eine Zirkusmanege.

PETER ALTENBERG

Läufer sind schlechte Geher.

MARIE VON EBNER-ESCHENBACH

Sport

Der Sport ist ein Sohn des Fortschritts, und er trägt schon auf eigene Faust zur Verdummung der Familie bei.

KARL KRAUS

Die Österreicher beginnen einen Rohstoff auszubeuten, der ihnen bald Milliarden einbringen wird: Schnee.

BRUNO KREISKY

Die Zeiten der Wettkämpfer sind die einzigen Zeiten, die immer besser geworden sind.

WERNER SCHNEYDER

Wenn man den Begriff Sport aus den entsprechenden Seiten der Zeitungen herausnähme, würden Frontberichte übrigbleiben.

PETER TURRINI

Sprache

Hätten wir das Wort, hätten wir die Sprache, wir bräuchten die Waffen nicht.

INGEBORG BACHMANN

Ich begriff, daß Menschen zwar zueinander sprechen, aber sich nicht verstehen, daß ihre Worte Stöße sind, die an den Worten der anderen abprallen, daß es keine größere Illusion gibt als die Meinung, Sprache sei ein Mittel der Kommunikation zwischen den Menschen.

ELIAS CANETTI

Im Umgang mit der Sprache steht der Schriftsteller vor der Aufgabe, eine allgemeine Dirne zu einer Jungfrau zu machen.

KARL KRAUS

Wer nichts der Sprache vergibt, vergibt nichts der Sache.

KARL KRAUS

Sprache

Eine der schwersten Sünden, die ein Mensch begehen kann, ist jene an der Sprache.

ALEXANDER RODA RODA

Wer viele Sprachen spricht, kann in vielen Sprachen Unsinn reden.

ALEXANDER RODA RODA

Man muß manchmal einen Ausdruck aus der Sprache herausziehen, ihn zum Reinigen geben – und kann ihn dann wieder in den Verkehr einführen.

LUDWIG WITTGENSTEIN

Sprachlosigkeit

Sprachlos ist eine Frau nur dann, wenn man sie küßt.

HELMUT LOHNER

Staat

Der Staat kann nichts geben als das Recht, denn sein einziges Mittel ist der Zwang. Das Gesetz straft die Verbrechen, die Natur die Ungeschicklichkeit.

FRANZ GRILLPARZER

Der Staat ist nichts als die multiplizierte Urhorde. Jede Ordnung in ihr, jede Religion hat mit einer Skandalgeschichte angefangen.

JOHANN NEPOMUK NESTROY

Der einzelne kennt eigentlich nur zwei Beziehungen zum Staate: Protektion und Beschwerde.

RICHARD VON SCHAUKAL

Es ist die erste und heiligste Pflicht des Staates, daß er die Menschen zu eigentlichen Menschen mache.

ADALBERT STIFTER

Staat

Der Staat bestraft die Verbrechen gegen das keimende Leben, aber die Verbrechen gegen das erwachsene Leben, die er selbst begeht, bestraft er nicht.

FRANZ WERFEL

Staatsbürger

Der Staatsbürger: ein armes Warte-Tier.

ANTON KUH

Staatsmann

Staatsmänner sind Politiker, die Probleme zu lösen haben, deren Entstehung auf sie selbst zurückzuführen ist.

HANS PETER HEINZL

Stadt

Jeder Großstädter ist ein Kleinstädter, denn er hält die trotzdem kleine Stadt für die große Welt.

PETER ALTENBERG

Ich verlange von einer Stadt, in der ich leben soll: Asphalt, Straßenspülung, Haustorschlüssel, Luftheizung, Warmwasserleitung. Gemütlich bin ich selber.

KARL KRAUS

Stärke

Den Starken gelingt es, ihren schönsten Traum wirklich zu machen.

FRANZ BLEI

Der Starke kann fallen, aber er strauchelt nicht.

MARIE VON EBNER-ESCHENBACH

Nie kann die Spur verlaufen einer starken Tat.

RAINER MARIA RILKE

Eines Tages kommt man darauf, daß es wenige Männer gibt, die so stark sind, wie man selber ist. Vor solchen Männern haben die Frauen Angst.

ROMY SCHNEIDER

Standpunkt

Was sind Standpunkte? Die Waffen des feigen Hamsters, der sich erst in seinem Unterschlupf einen Vorrat von Argumenten gesammelt hat, eh' er sich ans Licht der Kontroversen traut.

ANTON KUH

Ein Standpunkt wird sehr unbequem, wenn man dauernd auf ihm verharrt.

ALFRED POLGAR

Die Meinung, die Standpunktlosigkeit sei auch ein Standpunkt, gleicht dem Versuche, im luftleeren Raum zu atmen.

OTHMAR SPANN

Star

Wenn du einem Friseurgehilfen begegnest, der dich auffallend an einen bestimmten Filmstar erinnert, dann ist er es.

ANTON KUH

Station

Kleine Stationen sind stolz darauf, daß die Schnellzüge an ihnen vorbeifahren müssen.

KARL KRAUS

Stein

Am rollenden Stein wächst kein Moos.

OSKAR KOKOSCHKA

Sterben

Nicht vorzeitig zu sterben, wäre geradezu eine natürliche Genialität, wenn nicht gerade Intelligenz dazu gehörte, die man eben zufällig nicht hat.

PETER ALTENBERG

Solange wir noch sterben, brauchen wir den Tod.

KONRAD BAYER

Sterben

Wer das Leben nicht vollbrachte, schafft auch das Sterben nicht.

MARTIN BUBER

Ist jeder gut zum Sterben? Man kann es nicht sagen. Es müßte jeder erst länger leben.

ELIAS CANETTI

Es wäre noch schwerer zu sterben, wenn man wüßte, man bleibt; aber zum Schweigen verpflichtet.

ELIAS CANETTI

Wir müssen immer lernen, zuletzt auch noch sterben lernen.

MARIE VON EBNER-ESCHENBACH

Wer das Leben voll begreift, hat keine Angst vor dem Sterben. Todesangst ist nur das Ergebnis eines nicht erfüllten Lebens. Es ist eine Äußerung der Untreue.

FRANZ KAFKA

Nicht das Sterben, das Überleben ist hart.

PETER ROSEGGER

Mit jedem Menschen sterben auch die Toten, die nur in ihm noch gelebt hatten.

RICHARD VON SCHAUKAL

Der Sarg, das sind die Bretter, welche die andere Welt bedeuten.

DANIEL SPITZER

Wir sterben viele Tode, solang wir leben; der letzte ist nicht der bitterste.

KARL HEINRICH WAGGERL

Steuer

Alle Frauen am Steuer sind besser als ihr Ruf; das ist kein Kunststück.

KARL FARKAS

Stil

Stil haben: Das heißt die Worte so zu setzen, daß die Gedanken spazieren können.

HANS LOHBERGER

Stile sind der Rassismus der Zeiten.

WERNER SCHNEYDER

Stille

Stille ist das nicht vorhandene Zwitschern der Vögel.

ERICH FRIED

Stimme

Ich glaube, daß ein Mensch sehr wohl die Linien seines Schicksals erkennen kann, wenn er nur aufmerksam genug ist. Er wird auch von einer inneren Stimme gewarnt. Aber er muß sie hören und ihr zuhören können.

ALMA MAHLER-WERFEL

Stolz

Ein stolzer Mensch verlangt von sich das Außerordentliche. Ein hochmütiger Mensch schreibt sich viel zu.

MARIE VON EBNER-ESCHENBACH

Stolz muß sich im Ertragen bewähren, nicht in der Auflehnung.

KARL HEINRICH WAGGERL

Strafe

Kein Verbrecher hat noch wirklich geglaubt, daß ihm Unrecht geschehen sei durch die Strafe.

OTTO WEININGER

Daß es die Todesstrafe gibt, ist weniger bezeichnend für unsere Gesittung, als daß sich Henker finden.

FRANZ WERFEL

Streicheln

Eine Hand wird zusehends schöner, wenn man sie streichelt.

PETER ALTENBERG

Streit

Ein Streit zwischen wahren Freunden, zwischen Liebenden bedeutet gar nichts. Gefährlich sind nur Streitigkeiten zwischen Menschen, die einander nicht ganz verstehen.

MARIE VON EBNER-ESCHENBACH

Alle Menschen sind Brüder. Daher der ewige Zank unter ihnen.

ALEXANDER RODA RODA

Zwei Männer mögen wegen einer Frau in einen noch so erbitterten Streit geraten sein, es kommt immer der Augenblick, in dem sie nahe daran sind, einander – wie über einen Abgrund – die Hände zu reichen.

ARTHUR SCHNITZLER

Haß und Zank zu hegen oder zu erwidern ist Schwäche – sie zu übersehen und mit Liebe zurückzuzahlen ist Stärke.

ADALBERT STIFTER

Streß

Es ist in den Menschen ebensoviel unbegreifliche Trägheit, wie schädliche Aktivität zur unrechten Zeit und am unrechten Punkt.

HUGO VON HOFMANNSTHAL

Eine der bösesten Auswirkungen der Hast oder vielleicht unmittelbar der Hast erzeugenden Angst ist die offenkundige Unfähigkeit moderner Menschen, auch nur kurze Zeit mit sich selbst allein zu sein.

KONRAD LORENZ

Streß

Streß – das sind die Handschellen, die man ums Herz trägt.

HELMUT QUALTINGER

Immer ist Lebensunruhe das erste Wetterzeichen des Dämonischen, Unruhe des Blutes, Unruhe der Nerven, Unruhe des Geistes.

STEFAN ZWEIG

Strohwitwer

Erste Regel für Strohwitwer: Der Papagei muß raus aus dem Schlafzimmer.

KARL FARKAS

Stuhl

Zwischen den Stühlen sitzt man unbequem, aber luftig.

ALFRED POLGAR

Subvention

Die Gewißheit, daß jede Kultur einmal untergeht, erleichtert das Subventionieren kolossal.

WERNER SCHNEYDER

Suchen

Wer sucht, findet nicht, aber wer nicht sucht, wird gefunden.

FRANZ KAFKA

Sünde

Wer sündigt, soll es wenigstens mit Anstand tun.

FRANZ BLEI

Der Psychoanalytiker ist ein Beichtvater, den es gelüstet, auch die Sünden der Väter abzuhören.

KARL KRAUS

Die Sünden sind die Pfeiler der Religion.

HANS LOHBERGER

Eine der schwersten Sünden, die ein Mensch begehen kann, ist jene an der Sprache.

ALEXANDER RODA RODA

Tadel

Wir sind leicht bereit, uns selbst zu tadeln, unter der Bedingung, daß niemand einstimmt.

MARIE VON EBNER-ESCHENBACH

Bitter ist der Tadel, aus dem wir mit dem besten Willen keinen Nutzen ziehen können.

MARIE VON EBNER-ESCHENBACH

Tätigkeit

Tätigkeit ist die Triebfeder der Lebensuhr. Man kann sich überarbeiten, aber noch weit leichter kann man sich überfaulenzen.

PETER ROSEGGER

Takt

Takt ist nicht, wie viele meinen, ein Talent, das man hat oder eben nicht hat, sondern es ist ununterbrochene Anständigkeit des Herzens.

PETER ALTENBERG

Neunzig Prozent unserer Lebensenergien raubt uns die Ungezogenheit, die Taktlosigkeit unseres Nebenmenschen.

PETER ALTENBERG

Takt ist, es immer instinktiv zu spüren, was die anderen noch von dir vertragen.

PETER ALTENBERG

Toleranz heißt: die Fehler der andern entschuldigen. Takt heißt: sie nicht bemerken.

ARTHUR SCHNITZLER

Takt ist meistens nichts als eine den Umständen angemessene Unaufrichtigkeit.

DANIEL SPITZER

Talent

Es kommt gar nicht so sehr darauf an, was für ein Talent einer hat, als darauf, was er aus seinem Talent macht.

HERMANN BAHR

Die Grenzen sind noch nicht gesteckt, die dem Talent und Fleiß entgegenriefen: bis hierher und nicht weiter!

LUDWIG VAN BEETHOVEN

Es darf so mancher Talentlose von dem Werke so manches Talentvollen sagen: Wenn ich das machen könnte, würde ich es besser machen.

MARIE VON EBNER-ESCHENBACH

Dem eigentlichen Talent kommt der wahre Ausdruck meistens zugleich mit dem wahren Gedanken.

FRANZ GRILLPARZER

Talent ist oft ein Charakterdefekt.

KARL KRAUS

Der Geniale lernt aus der Natur, aus seiner Natur, der Talentierte aus der Kunst.

ARNOLD SCHÖNBERG

Das Genie entdeckt die Frage. Das Talent beantwortet sie.

KARL HEINRICH WAGGERL

Das echte Talent erkennt man weniger an seinen erstaunlichen Anlagen als in der selbstlosen Fähigkeit, die überlegene Leistung eines anderen glühend zu verehren. Das ist die Noblesse der Ebenbürtigkeit.

FRANZ WERFEL

Nur wo das Genie dünn ist, kann man das Talent sehen.

LUDWIG WITTGENSTEIN

Tango Der edle Tango ist eine Platonisierung der Sexualität durch schöne rhythmische Bewegung.

PETER ALTENBERG

Tanz Es gibt die wunderbaren Tangos und langsamen Walzer, bei denen man einander kennenlernt und bei denen man auseinandergeht. Aber noch viel öfter lernt man einander kennen, wenn kein Tango zur Stelle ist, und den wenigsten wird ein Walzer zum Abschied gespielt.

INGEBORG BACHMANN

Man tanzt in unserer Zeit nicht nur, weil einem zu wohl ist, sondern auch, weil es anderen zu schlecht geht.

DANIEL SPITZER

Tat Viel getan haben, heißt oft Undank ernten; zuviel getan haben, heißt immer Undank ernten.

MARIE VON EBNER-ESCHENBACH

Tat ist nicht, was geschieht, sondern was wirkt.

BRUNO ERTLER

Nicht der Gedanke wird bestraft, die Tat.

FRANZ GRILLPARZER

Es gilt nicht mehr der Satz: Denn sie wissen nicht, was sie tun. Heute muß es heißen: Sie tun nicht, was sie wissen.

ROBERT JUNGK

Man glaubt gar nicht, wie schwer es oft ist, eine Tat in einen Gedanken umzusetzen.

KARL KRAUS

Tat

Es ist so einfach, Tatkraft zu haben – und so schwierig, einen Tatsinn zu suchen.

ROBERT MUSIL

Nie kann die Spur verlaufen einer starken Tat.

RAINER MARIA RILKE

Technik

Das Gefährlichste an der Technik ist, daß sie ablenkt von dem, was den Menschen wirklich ausmacht, von dem, was er wirklich braucht.

ELIAS CANETTI

Es gibt keine Technik ohne Erfindung, dagegen Erfindung, die sich ihre Technik erst schaffen wird. Der Glaube an die alleinseligmachende Technik müßte unterdrückt, das Streben nach Wahrhaftigkeit gefördert werden.

ARNOLD SCHÖNBERG

Telefon

Das Telefon gehört zu den Unentbehrlichkeiten, die nicht gekannt zu haben ein rohes Zeitalter adelt.

RICHARD VON SCHAUKAL

Tempo

Das Notwendigste und das Härteste und die Hauptsache in der Musik ist das Tempo.

WOLFGANG AMADEUS MOZART

Tenor

Das Orchester versetzt die Damen in Trance, aber schreiben tun's dann dem Tenor.

ARTHUR SCHNITZLER

Teufel

Der Teufel ist der Mensch, der alles hat ohne Güte, den ganzen Himmel kennt ohne Wahrheit, während alles nur durch Güte ist.

OTTO WEININGER

Theater

Das Leben des Theaters – das oberflächlichste Leben. Das Theater des Lebens – das tiefste Theater.

PETER ALTENBERG

Das politische Theater erreicht nichts, weil die, die gemeint sind, nicht ins Theater gehen.

WOLFGANG BAUER

Der Rand des Zusammenbruchs – das war schon immer der dem Theater gebührende Platz.

FRITZ KORTNER

In den meisten Bühnenstücken fußt der Dialog auf der falschen Annahme, daß die Menschen einander ausreden lassen. Wo gibt es das im Leben?

ALFRED POLGAR

Manche Schauspieler sind so begabt, daß sie selbst im Leben wie echt wirken.

ALEXANDER RODA RODA

Massenmedien: Faule Ausreden für schlechten Besuch von Theatern und Konzerten.

HANS WEIGEL

Theorie

Nichts beweist mehr gegen eine Theorie als ihre Durchführbarkeit.

KARL KRAUS

Tier

Was wir tierisch nennen, ist im Grunde nur Allzu-Menschliches, das uns bei den Tieren auffällt.

HEIMITO VON DODERER

Wenn Tiere gähnen, haben sie ein menschliches Gesicht.

KARL KRAUS

Tier

Tiere kommen auf den Zuruf ihres Namens. Ganz wie Menschen.

LUDWIG WITTGENSTEIN

Tisch

Der gedeckte Tisch, das ist die schönste Gegend.

JOHANN NEPOMUK NESTROY

Tod

Es wird sich noch einmal herausstellen, daß die Menschen mit jedem Tod schlechter werden.

ELIAS CANETTI

Es ist nicht abzusehen, was die Menschen zu glauben imstande sein werden, sobald sie einmal den Tod aus der Welt geschafft haben.

ELIAS CANETTI

Wer vom Tod besessen ist, wird durch ihn schuldig.

ELIAS CANETTI

Die größte Anstrengung des Lebens ist, sich nicht an den Tod zu gewöhnen.

ELIAS CANETTI

Beim Tode eines geliebten Menschen schöpfen wir eine Art Trost aus dem Glauben, daß der Schmerz über unseren Verlust sich nie vermindern wird.

MARIE VON EBNER-ESCHENBACH

Das Sterben ist die persönlichste Sache von der Welt. Jeder Mensch stirbt seinen Tod, in ihm wird ihm alles präsent, was er war, ist und sein wird.

FRIEDRICH HEER

Das Grausame des Todes liegt darin, daß er den wirklichen Schmerz des Endes bringt, aber nicht das Ende.

FRANZ KAFKA

Tod

An einem Orte, wo das Leben nichts bietet, kann der Tod nicht besonders schwer sein.

JOHANN NEPOMUK NESTROY

Der große Tod, den jeder in sich hat, das ist die Furcht, um die sich alles dreht.

RAINER MARIA RILKE

Nur wer den Tod fürchtet, darf sich seines Mutes rühmen.

ARTHUR SCHNITZLER

Das Grab trennt Freunde und vereinigt Feinde.

DANIEL SPITZER

Man soll gegen jeden Menschen so handeln, wie man wünschte, gestern gehandelt zu haben, wenn heute die Nachricht von seinem Tod käme.

FRANZ WERFEL

Torheit

Die Toren wissen gewöhnlich das am besten, was der Weise zweifelt, jemals in Erfahrung zu bringen.

MARIE VON EBNER-ESCHENBACH

Torheit schützt vor Alter nicht.

HANS HABE

Totschweigen

Nicht alles, was totgeschwiegen wird, lebt.

KARL KRAUS

Tradition

Tradition ist Bewahrung des Feuers und nicht Anbetung der Asche.

GUSTAV MAHLER

Tradition ist Schlamperei.

GUSTAV MAHLER

Tradition

Tradition ist steinerne Grenze von Vergangenheiten um die Gegenwart: wer ins Zukünftige will, muß sie überschreiten. Denn die Natur will kein Innehalten im Erkennen.

STEFAN ZWEIG

Traum

Nenne dich nicht arm, weil deine Träume nicht in Erfüllung gegangen sind; wirklich arm ist nur, der nie geträumt hat.

MARIE VON EBNER-ESCHENBACH

Traum – Hüter des Schlafs.

SIGMUND FREUD

Es wäre viel besser, überhaupt nicht zu träumen.

MARLEN HAUSHOFER

Sie greifen in unseren Traum, als ob's unsere Tasche wäre.

KARL KRAUS

Wer sein Glück nur in Träumen findet, paßt nicht zu wirklichen Freuden.

JOHANN NEPOMUK NESTROY

Du weißt, in Träumen kann so vielerlei geschehen. Und es kann so verwandelt sein. Wie eine Blume lautlos schläfst du ein, und du erwachst vielleicht mit einem Schrei.

RAINER MARIA RILKE

Ob wir im Traum nicht manchmal älter sind?

RAINER MARIA RILKE

Mit zwanzig sagt man, daß man etwas träumt. Ab dreißig träumt man, daß man etwas sagt.

WERNER SCHNEYDER

Traum Wenn Nachtträume eine ähnliche Funktion haben wie Tagträume, so dienen sie zum Teil dazu, den Menschen auf jede Möglichkeit vorzubereiten – auch die schlimmste.

LUDWIG WITTGENSTEIN

Traurig Man muß oft erst nachdenken, worüber man sich freut; aber man weiß immer, worüber man traurig ist.

KARL KRAUS

Trennung Trennung macht sehend.

ALMA MAHLER-WERFEL

Treue Treue, was bist du für ein armer Hund, daß Undank dich mit Füßen treten darf!

FERDINAND RAIMUND

Kein Zweifel, der Hund ist treu. Aber sollen wir uns deshalb ein Beispiel an ihm nehmen? Er ist doch dem Menschen treu und nicht dem Hund.

KARL KRAUS

Wenn Treue nicht ein Gegengeschenk ist, dann ist sie die törichtste aller Verschwendungen.

ARTHUR SCHNITZLER

Trost Nicht der Mensch hat Trost von der Natur zu erwarten, wie die Idylliker meinen. Die Natur vielmehr erwartet Trost vom Menschen.

MAX BROD

Ein alberner Trost beleidigt.

MARIE VON EBNER-ESCHENBACH

Nichts kann euch trösten, außer: die Liebe.

KARL HEINRICH WAGGERL

Trost

Man versucht, den anderen zu trösten, wenn man verbergen will, daß man nicht mit ihm trauern kann.

KARL HEINRICH WAGGERL

Trotz

Warum sind nicht mehr Leute aus Trotz gut?

ELIAS CANETTI

Der Trotz ist die einzige Stärke des Schwachen – und eine Schwäche mehr.

ARTHUR SCHNITZLER

Trunksucht

Der Trunk ist ein Laster; darüber kann ich mitreden, denn ich trinke schon seit Jahren.

JOHANN NEPOMUK NESTROY

Tüchtigkeit

Tüchtigkeit ist weder Fähigkeit noch Begabung, sondern Gewohnheit.

PETER DRUCKER

Tüchtiges schaffen, das hält auf die Dauer kein Gegner aus.

PETER ROSEGGER

Tür

Oft geschieht es, daß Schlüssellöcher optisch selbst dort benützt werden, wo die Türen unverschlossen sind.

GÜNTHER ANDERS

Tugend

So mancher meint ein gutes Herz zu haben und hat nur schwache Nerven.

MARIE VON EBNER-ESCHENBACH

Hüte dich vor der Tugend, die zu besitzen ein Mensch von sich selber rühmt.

MARIE VON EBNER-ESCHENBACH

Tugend

Tugend und Laster sind verwandt wie Kohle und Diamant.

KARL KRAUS

Schönheit vergeht, weil Tugend besteht.

KARL KRAUS

Ein „feiner Mensch" – was ist das in 999 von 1000 Fällen? Ein ordinärer Kerl, der sich nicht traut.

ANTON KUH

Tun

Viele tun etwas nur deshalb nicht, weil keiner es ihnen verbietet.

HELMUT QUALTINGER

Übel

Das Übel gedeiht nie besser, als wenn ein Ideal davorsteht.

KARL KRAUS

Es ist durchaus nicht immer klug, von zwei Übeln das kleinere zu wählen.

KARL HEINRICH WAGGERL

Überlegenheit

Es gibt keinen besseren Grund, höflich zu sein, als die Überlegenheit.

MARIE VON EBNER-ESCHENBACH

Übermensch

Der Übermensch ist ein verfrühtes Ideal, das den Menschen voraussetzt.

KARL KRAUS

Übersetzung

Er übersetzte aus dem Deutschen in eine ihm ebenfalls unbekannte Sprache.

KARL KRAUS

Übersinnliches

Wo's dunkel wird, beginnt das Okkulte.

ANTON KUH

Überstehen

Wer spricht vom Siegen? Überstehen ist alles!

RAINER MARIA RILKE

Übertreibung

Ein hübsches Kompliment ist eine glaubwürdige Übertreibung.

PETER ALEXANDER

Ich liebe nur die Menschen, die übertreiben. Die, die untertreiben, interessieren mich nicht.

GUSTAV MAHLER

Keine meiner Übertreibungen war so maßlos wie die Wirklichkeit.

PETER TURRINI

Überzeugung

Es ist heutzutage ein großes Wagnis, das auszusprechen, wovon die meisten überzeugt sind.

HANS HABE

Man überzeugt sich leider von dem Erfolg, den man hat, nur durch die Feinde, die man sich macht.

DANIEL SPITZER

Uhr

Immer zierlicher die Uhren, immer gefährlicher die Zeit.

ELIAS CANETTI

Umwelt

Die heutige Menschheit verhält sich konsequent so, als würde sie vom Teufel getrieben, dessen einziges Ziel es ist, alles Leben auf unserem Planeten zu vernichten.

KONRAD LORENZ

Die neue Romantik: der Umweltschmerz.

WERNER SCHNEYDER

Während der ersten Sintflut retteten sich Menschen vor der Natur. Während der zweiten Sintflut versucht sich die Natur vor den Menschen zu retten.

WERNER SCHNEYDER

Die Umsicht ist mehr als die Sicht. Bei der Welt ist das anders.

WERNER SCHNEYDER

Unbequem

Die Unbequemen sind den Unbequemen stets bequem.

ANDRÉ HELLER

Unbestechlichkeit

Man müßte sich die Unbestechlichkeit bezahlen lassen können.

WERNER SCHNEYDER

Ungeduld

Ungeduld ist die einzige Eigenschaft der Jugend, deren Verlust man im Alter nicht beklagt.

FRANZ KAFKA

Ungerecht

Der Schlaf der Ungerechten ist tief und sehr schwer zu stören.

HELMUT QUALTINGER

Die meisten glauben, wenn sie sich als Laien bekennen, hätten sie das Recht, ungerecht zu sein.

DANIEL SPITZER

Ungewöhnlich

Wer nicht nach dem Ungewöhnlichen strebt, dem glückt auch das Gewöhnliche nicht.

KARL HEINRICH WAGGERL

Unglück

Glück ist wie ein Maßanzug. Unglücklich sind meistens die, die den Maßanzug eines anderen tragen möchten.

KARLHEINZ BÖHM

Im Grunde ist jedes Unglück gerade nur so schwer, wie man es nimmt.

MARIE VON EBNER-ESCHENBACH

Im Unglück finden wir meistens die Ruhe wieder, die uns durch die Furcht vor dem Unglück geraubt wurde.

MARIE VON EBNER-ESCHENBACH

Mißgeschick und Unglück sind nicht etwas wie ein Stein, der blind herunterfällt. Sie haben in der Seele dessen, den sie treffen, geheime Verbündete.

GUSTAV VON FESTENBERG

Unglück

Der Mensch wird mit der Neigung geboren, ein Höchstmaß eigenen Verschuldens an dem Unglück anderer zu entdecken, aber nur den blinden Zufall an seinem eigenen.

ARTHUR SCHNITZLER

Unkraut

Unkraut ist die Opposition der Natur gegen die Regierung der Gärtner.

OSKAR KOKOSCHKA

Unmöglichkeit

Wir sollen das Unmögliche verlangen, damit wenigstens ein Teil davon ermöglicht wird.

ROBERT JUNGK

Unnütz

Im Grunde ist nur das Unnütze von Dauer.

KARL HEINRICH WAGGERL

Unrecht

Ich sehe kein Ende des Unrechts, als nur durch eine neue Menschenart, die nicht mehr vergelten will, sondern verzeihen.

HERMANN BAHR

Nichts lernen wir so spät und verlernen wir so früh wie zuzugeben, daß wir unrecht haben.

MARIE VON EBNER-ESCHENBACH

Unsinn

Wer viele Sprachen spricht, kann in vielen Sprachen Unsinn reden.

ALEXANDER RODA RODA

Unsittlichkeit

Was ist Unsittlichkeit? Was sich das schlechte Gewissen zu einem natürlichen Vorgang ausdenkt.

ANTON KUH

Unsterblichkeit

Sag etwas, was sich von selbst versteht, zum erstenmal, und du bist unsterblich.

MARIE VON EBNER-ESCHENBACH

Unsterblichkeit

Unsterblichkeit bedeutet, von vielen Anonymen geliebt zu werden.

SIGMUND FREUD

Die Unsterblichkeit ist das einzige, was keinen Aufschub verträgt.

KARL KRAUS

Wenn ich sicher wüßte, daß ich mit gewissen Leuten die Unsterblichkeit zu teilen haben werde, so möchte ich eine separierte Vergessenheit vorziehen.

KARL KRAUS

Unsterblichkeit? Es ist wie auf der Straßenbahn: sehr wenige Passagiere fahren bis zur Endstation mit.

ALEXANDER RODA RODA

Zwischen die gleichsam grausamen Wahrheiten Leben und Tod haben wir die tröstliche Lüge der Unsterblichkeit gesetzt.

ARTHUR SCHNITZLER

Unterhaltung

Unterhaltung nennt man alles, was unter der Ebene von Haltung möglich ist.

WERNER SCHNEYDER

Unwissenheit

Unwissen ist die einzige Tragödie des Daseins. Es gibt keine andere.

PETER ALTENBERG

Unzurechnungsfähigkeit

Liebe nennt man die Unzurechnungsfähigkeit der Zurechnungsfähigen.

ALFRED POLGAR

Urlaub

Flirten im Urlaub ist annähernd so ungefährlich wie Bergsteigen ohne Kletterschuhe und Seil.

HELMUT LOHNER

Ursache

Sind wir einen Schritt weitergekommen, weil wir an die Stelle des Wortes Ursache das Wort Zufall gesetzt haben?

MARIE VON EBNER-ESCHENBACH

Urteil

Ein Urteil läßt sich widerlegen, aber niemals ein Vorurteil.

MARIE VON EBNER-ESCHENBACH

Je schärfer die Urteilskraft, desto milder das Urteil.

FRANZ STELZHAMER

Urteile können irrig sein; heuchelnd dürfen sie nie sein.

ADALBERT STIFTER

Worüber du auch urteilst, es ist immer ein Urteil über dich selbst.

KARL HEINRICH WAGGERL

Verachtung

Gegen alle Menschen nie äußerlich die Verachtung merken lassen, die sie verdienen; denn man kann nie wissen, wo man sie braucht.

LUDWIG VAN BEETHOVEN

Veränderung

Was wir nicht ändern können, müssen wir ertragen lernen. Was wir nicht ertragen wollen, müssen wir ändern lernen.

HERMANN BAHR

Umändern kann sich niemand, bessern sich jeder.

ERNST VON FEUCHTERSLEBEN

Die meiste Mühe gilt dem, was nicht zu ändern ist.

RICHARD VON SCHAUKAL

Daß nichts beständig ist – wie traurig, wie tröstlich!

KARL HEINRICH WAGGERL

Verantwortung

Es gibt viele Wege, einer Verantwortung zu entkommen: Flucht in den Tod; Flucht in Krankheit und Flucht in Dummheit. Der letztere ist der sicherste und einfachste, denn selbst intelligente Menschen sind diesem Ziel meist näher, als sie selbst annehmen möchten.

ARTHUR SCHNITZLER

Die Verantwortung leugnen, heißt, den Menschen nicht zur Verantwortung zu ziehen.

LUDWIG WITTGENSTEIN

Verbieten

Wenn man etwas populär machen will, braucht man es bloß zu verbieten.

KARL FARKAS

Viele tun etwas nur deshalb nicht, weil keiner es ihnen verbietet.

HELMUT QUALTINGER

Verbrechen

In Not werden weniger Verbrechen begangen, die meisten geschehen aus Übermut, Interessenkollision etc., kurz, bei einigem Wohlstande.

LUDWIG ANZENGRUBER

Der Verbrecher überwindet den Haß nicht durch die Liebe, die Furcht.

OTTO WEININGER

Weil Schuld und Strafe nicht wirklich verschieden sind, darum mag man darüber beruhigt sein: Kein Verbrecher geht wirklich straflos aus.

OTTO WEININGER

Verdienen

Es gibt so viele, so unzählige, wirklich aber nicht mehr zählbare Menschen, die wollen nur verdienen, verdienen, verdienen.

PETER ALTENBERG

Verführung

Wo Verführung einwirkt, stört sie regelmäßig den natürlichen Ablauf der Entwicklungsvorgänge.

SIGMUND FREUD

Der Verführer, der sich rühmt, Frauen in die Geheimnisse der Liebe einzuführen, gleicht dem Fremden, der auf dem Bahnhof ankommt und sich erbötig macht, dem Fremdenführer die Schönheiten der Stadt zu zeigen.

KARL KRAUS

Vergänglichkeit

Es kommen härtere Tage. Die auf Widerruf gestundete Zeit wird sichtbar am Horizont.

INGEBORG BACHMANN

Das ganze Geheimnis, sein Leben zu verlängern, besteht darin, es nicht zu verkürzen.

ERNST VON FEUCHTERSLEBEN

Vergänglichkeit

Ich hör' schon das Gras wachsen, in welches ich beißen werde.

JOHANN NEPOMUK NESTROY

Es geht ewig zu Ende und im Ende keimt ewig der Anfang.

PETER ROSEGGER

Vergangenheit

Jede Revolution ist viel weniger Bauplatz der Zukunft als Auktion der Vergangenheit.

HEIMITO VON DODERER

Es gibt keine Vergangenheit ohne Zukunft.

EGON FRIEDELL

Das, was war, wirkt auf uns allemal tiefer als das, was ist.

EGON FRIEDELL

Es ist schrecklich schwer, gerecht zu sein zu seiner eigenen Vergangenheit.

MARLEN HAUSHOFER

Vergessen

Vergiß nicht, daß du vieles vergessen mußt!

GUSTINUS AMBROSI

Vergessen können, was sich nicht sofort in eigene Tat umsetzen läßt, ist eine Vorbedingung schaffenden Lebens.

HERMANN BAHR

Alles, was man vergessen hat, schreit im Traum um Hilfe.

ELIAS CANETTI

Es ist unglaublich, was die Welt vergißt und – was sie nicht vergißt.

MARIE VON EBNER-ESCHENBACH

Vergessen

Erinnere dich der Vergessenen – eine Welt geht dir auf.

MARIE VON EBNER-ESCHENBACH

Es ist für unsere Seelenruhe ebenso notwendig, vergessen können wie nicht vergessen können.

MARIE VON EBNER-ESCHENBACH

Vergeßlichkeit tut dem Volke not. Wie könnte es sonst noch Feste feiern?

RUDOLF HENZ

Vergessen, das ist die Kunst, Bewußtes unbewußt zu machen.

HANS LOHBERGER

Ein übergroßer Teil der Allgemeinheit ist zu gemein, um was Gemeines jemals zu vergessen.

JOHANN NEPOMUK NESTROY

Es gibt zwei schöne Dinge auf der Welt: Erinnern und Vergessen. Und zwei häßliche: Erinnern und Vergessen.

ALEXANDER RODA RODA

Vergnügen

Die Vergnügungssucht ist unersättlich und frißt am liebsten – das Glück.

MARIE VON EBNER-ESCHENBACH

Ohne Vergnügen bildet sich kein Geist.

ERNST VON FEUCHTERSLEBEN

Verhältnis

Bei Leuten, die ein gutes Verhältnis zueinander haben, kann man sicher sein, daß sie kein Verhältnis miteinander haben.

LORE KRAINER

Verhältnis

Um über seine Verhältnisse leben zu können, muß man zuerst einmal welche haben.

MAX PALLENBERG

Die meisten Ehen scheitern an den Verhältnissen. Man sollte aber nicht unfair sein: Es sind auch schon sehr schöne Verhältnisse an Ehen gescheitert.

WERNER SCHNEYDER

Verheimlichen

Lebe so, daß du nichts vor niemandem zu verheimlichen wünschest.

LUDWIG ANZENGRUBER

Verheirateter Mann

In den Augen eines jungen Mädchens gleicht ein verheirateter Mann einem Lotterielos nach der Ziehung.

ROMY SCHNEIDER

Verkaufen

Sie halten bloß das für wirklich, was sie verkaufen können.

GUSTAV MEYRINK

Verkehr

Der menschliche Verkehr besteht ganz einfach darin, daß jeder des anderen Irrenwärter ist.

EGON FRIEDELL

Erst wenn zwei Menschen sich nichts mehr zu sagen haben, beginnt der menschliche Verkehr.

EGON FRIEDELL

Verlieren

Die Menschen verlieren zuerst ihre Illusionen, dann ihre Zähne und ganz zuletzt ihre Laster.

HANS MOSER

Dem, der alles zu verlieren vermag, wird alles Gewinn, und das Leiden läutert sich seiner Seele zu schöpferischer Macht.

STEFAN ZWEIG

Verleumdung

Man muß in homöopathischen Dosen verleumden, wenn man wirken will.

DANIEL SPITZER

Verlobung

Eine Verlobung ist das Versprechen, nicht auseinanderzugehen, solange man nicht zusammengekommen ist.

KARL FARKAS

Vernunft

Es gibt Fälle, in denen vernünftig sein feige sein heißt.

MARIE VON EBNER-ESCHENBACH

Das Vernünftige ist durchaus nicht immer das Gute, das Vernünftigste jedoch muß auch das Beste sein.

MARIE VON EBNER-ESCHENBACH

Vernunft annehmen kann niemand, der nicht schon welche hat.

MARIE VON EBNER-ESCHENBACH

Auf die Dauer kann der Vernunft und der Erfahrung nichts widerstehen.

SIGMUND FREUD

Die Stimme der Vernunft ist leise, aber sie ruht nicht, ehe sie sich Gehör verschafft hat.

SIGMUND FREUD

Vernunft ist nichts anderes als die Analyse des Glaubens.

FRANZ SCHUBERT

Vernunftheirat

Selten hat mich ein Wort so amüsiert wie der Ausdruck Vernunftheirat.

KARL FARKAS

Versöhnung

Mit Gutem läßt sich alles richten. Ein großmütiges und sanftmütiges Betragen hat schon oft die ärgsten Feinde versöhnt.

WOLFGANG AMADEUS MOZART

Verschweigen

Was man weise verschweigt, ist künstlerischer, als was man geschwätzig ausspricht.

PETER ALTENBERG

Verständnis

Verständnis ist bereits milde Güte. Jede andere ist Verlogenheit.

PETER ALTENBERG

Verstand

Aus einiger Entfernung betrachtet, schrumpft der gesunde Menschenverstand ein und sieht einem Gran Stumpfsinn zum Verwechseln ähnlich.

INGEBORG BACHMANN

Der Verstand kann verneinen, erschaffen kann er nichts.

HERMANN BAHR

Wo die Eitelkeit anfängt, hört der Verstand auf.

MARIE VON EBNER-ESCHENBACH

Wenn der Verstand alles vermöchte, so hätten wir weder Gefühls- noch Einbildungsvermögen.

ERNST VON FEUCHTERSLEBEN

Die gefährlichste Sorte von Dummheit ist ein scharfer Verstand.

HUGO VON HOFMANNSTHAL

Man war lange Zeit der Meinung, daß es in der Natur keinen leeren Raum gäbe. Diese Behauptung wurde jedoch durch verschiedene Menschenköpfe widerlegt, in denen sich ganz leerer Raum vorgefunden.

JOHANN NEPOMUK NESTROY

Verstand

Schmerz schärft den Verstand und stärkt das Gemüt; dahingegen Freude sich um jenen selten bekümmert und dieses verweichlicht oder frivol macht.

FRANZ SCHUBERT

Der Mensch hat nicht nur keinen Verstand, er hat auch Gemüt.

DANIEL SPITZER

Um anderer Verstand zu erkennen und zu prüfen, muß man selbst einen guten Verstand haben; beim Herzen ist es fast umgekehrt. Ein guter Verstand täuscht, ein gutes Herz wird getäuscht.

FRANZ STELZHAMER

Verstehen

Die verstehen sehr wenig, die nur das verstehen, was sich erklären läßt.

MARIE VON EBNER-ESCHENBACH

Was nennen die Menschen am liebsten „dumm"? Das Gescheite, das sie nicht verstehen.

MARIE VON EBNER-ESCHENBACH

Das Verständnis reicht oft viel weiter als der Verstand.

MARIE VON EBNER-ESCHENBACH

Die Augenblicke, die uns das Verstehen reiner Menschen bescheren, sind die roten Daten im Kalender des Lebens.

BRUNO ERTLER

Die einander ganz verstehen, sind nie gleich.

BRUNO ERTLER

Einen Menschen verstehen heißt, auch er sein.

OTTO WEININGER

Vertrauen

Ein Nichts vermag das Vertrauen in die eigene Kraft zu erschüttern, aber nur ein Wunder vermag es wieder zu befestigen.

MARIE VON EBNER-ESCHENBACH

Der am unrechten Ort vertraute, wird dafür am rechten Ort mißtrauen.

MARIE VON EBNER-ESCHENBACH

Man muß im ganzen an jemanden glauben, um ihm im einzelnen wahrhaft Zutrauen zu schenken.

HUGO VON HOFMANNSTHAL

Vertuschung

Die Wimpern sind nicht das einzige, was eine Frau vertuscht.

FRANZ ANTEL

Verurteilung

Viele werden verurteilt, nur weil sie den Mut haben, das auszusprechen, was andere verschweigen.

GRETE KÖRBER

Vervielfältigung

Vervielfältigung ist insofern ein Fortschritt, als es die Verbreitung des Einfältigen ermöglicht.

KARL KRAUS

Verwandtschaft

Seitdem es Flugzeuge gibt, sind die entfernten Verwandten auch nicht mehr, was sie einmal waren.

HELMUT QUALTINGER

Verwirrung

Ich hasse Verwirrung, selbst wenn sie als Geist kommt.

FRANZ THEODOR CSOKOR

Verwöhnen

Eine Frau verwöhnen heißt: sich selber auf ihre Kosten (zu ihrem Schaden) ein teures Vergnügen bereiten.

PETER ALTENBERG

Verzeihen

Eine Frau verzeiht alles – aber sie erinnert uns oft daran, daß sie uns verziehen hat.

KARLHEINZ BÖHM

Verzeihen ist das Allerschwerste, aber auch der größte Segen Gottes.

PETER ROSEGGER

Was unsere Seele am schnellsten und am schlimmsten abnützt, das ist: verzeihen, ohne zu vergessen.

ARTHUR SCHNITZLER

Wer seinen Nächsten verurteilt, kann irren. Wer ihm verzeiht, irrt nie.

KARL HEINRICH WAGGERL

Gott verzeiht nicht, was die Menschen verzeihen. Die Menschen verzeihen nicht, was Gott verzeiht.

FRANZ WERFEL

Verzicht

Auf einen Vorteil leisten die meisten Menschen nur dann Verzicht, wenn sie auf ihn nicht Beschlag legen können.

GRETE KÖRBER

Manches Vergnügen besteht darin, daß man mit Vergnügen darauf verzichtet.

PETER ROSEGGER

Volk

Ich glaube, daß kein Volk auf Kosten eines anderen gelobt werden sollte.

STEFAN ZWEIG

Vorbereiten

Laß das lange Vorbereiten, fang dein Leben an beizeiten.

EDUARD VON BAUERNFELD

Vorgeben

Frauen können nicht nachgeben. Sie können nur vorgeben, daß sie nachgeben.

MAX PALLENBERG

Vorrecht

Der größte Feind des Rechtes ist das Vorrecht.

MARIE VON EBNER-ESCHENBACH

Vorsagen

Man kann den Frauen manches nachsagen, aber vorzusagen braucht ihnen niemand etwas.

KARL FARKAS

Vorsatz

Gute Vorsätze sind grüne Früchte, die abfallen, ehe sie reif sind.

JOHANN NEPOMUK NESTROY

Vorsicht

Die größte Gefahr im Leben ist, daß man zu vorsichtig wird.

ALFRED ADLER

Vorteil

Auf einen Vorteil leisten die meisten Menschen nur dann Verzicht, wenn sie auf ihn nicht Beschlag legen können.

GRETE KÖRBER

Vortrag

Durch den wahren Vortrag muß der Meister sein Recht behaupten.

JOSEPH HAYDN

Vorurteil

Jedes unkritisch übernommene Vorurteil ist ein äußerer Zwang. Jedes dem eigenen Ich entsprungene Gebot ist eine innere Bindung – ein Baustein der Persönlichkeit.

RICHARD VON COUDENHOVE-CALERGI

Ein Urteil läßt sich widerlegen, aber niemals ein Vorurteil.

MARIE VON EBNER-ESCHENBACH

Vorurteil

Es gibt Menschen, die selbst für Vorurteile zu dumm sind.

EGON FRIEDELL

Das Vorurteil ist ein unentbehrlicher Hausknecht, der lästige Eindrücke von der Schwelle weist. Nur darf man sich von seinem Hausknecht nicht selbst hinauswerfen lassen.

KARL KRAUS

Das Vorurteil ist eine Mauer, von der sich noch alle, die dagegen angerannt sind, mit blutigen Köpfen zurückgezogen haben.

JOHANN NEPOMUK NESTROY

Was wir bei uns Grundsätze nennen, nennen wir bei anderen Vorurteile.

FRITZ MULIAR

Argumente nützen gegen Vorurteile so wenig wie Schokoladenplätzchen gegen Verstopfung.

MAX PALLENBERG

Das Vorurteil ist die bequemste Art der Kritik, aber sie ist das Talent des Pöbels.

DANIEL SPITZER

Das Vorurteil ist die hochnäsige Empfangsdame im Vorzimmer der Vernunft.

KARL HEINRICH WAGGERL

Welches Urteil wäre schwerer umzustoßen als ein Vorurteil?

STEFAN ZWEIG

Vorwerfen

Nichts ist unleidlicher, als sich selbst seine eigenen Fehler vorwerfen zu müssen.

LUDWIG VAN BEETHOVEN

Vorzug

Ich kenne keine anderen Vorzüge des Menschen als diejenigen, welche ihn zu den besseren Menschen zählen machen; wo ich diese finde, dort ist meine Heimat.

LUDWIG VAN BEETHOVEN

Man muß seine Vorzüge zu verbergen wissen, um vorwärtszukommen.

DANIEL SPITZER

Wachstum

Der Mensch wächst, bis er verwächst.

MARIE VON EBNER-ESCHENBACH

Die Menschheitsentwicklung – ein Wachsen der Sterbenskraft.

FRANZ KAFKA

Wählen

Wählen, wählen! Das sagt sich so leicht. Und wenn man nicht weiß, wen man wählen soll?

ERIKA PLUHAR

Wenn man gewählt worden ist, ist es leicht, sich gewählt auszudrücken.

HELMUT QUALTINGER

Waffe

Hätten wir das Wort, hätten wir die Sprache, wir bräuchten die Waffen nicht.

INGEBORG BACHMANN

Eine Hand ohne Revolver, aber zum Schuß entschlossen, ist eine bessere Waffe als ein Revolver in zögernder Hand.

ALFRED POLGAR

Wahn

In der Brust eines jeden Menschen schläft ein entsetzlicher Keim von Wahnsinn. Ringt mittels aller heiteren und tätigen Kräfte, daß er nie erwache!

ERNST VON FEUCHTERSLEBEN

Den Wahn erkennt natürlich niemals, wer ihn selbst noch teilt.

SIGMUND FREUD

Größenwahn ist nicht, daß man sich für mehr hält als man ist, sondern für das, was man ist.

KARL KRAUS

Wahn

Wenn wir im Leben vom Tod umgeben sind, so auch in der Gesundheit des Verstands vom Wahnsinn.

LUDWIG WITTGENSTEIN

Nichts ist gefährlicher als die Großmannssucht der Kleinen.

STEFAN ZWEIG

Wahrhaftigkeit

Man fordere nicht Wahrhaftigkeit von den Frauen, solange man sie in dem Glauben erzieht, ihr vornehmster Lebenszweck sei zu gefallen.

MARIE VON EBNER-ESCHENBACH

Wahrheit

Weshalb sind die Menschen so renitent gegen Wahrheiten? Damit sie nicht bei den vielen Unwahrheiten, die man ihnen als Wahrheit auftischt, Schaden leiden.

PETER ALTENBERG

Die Wahrheit aller Länder ist nur in Dachkammern vorhanden.

HERMANN BAHR

Wir suchen die Wahrheit, finden wollen wir sie aber nur dort, wo es uns beliebt.

MARIE VON EBNER-ESCHENBACH

Die einfachste und bekannteste Wahrheit erscheint uns augenblicklich neu und wunderbar, sobald wir sie zum ersten Mal an uns selbst erleben.

MARIE VON EBNER-ESCHENBACH

Wahrheit ist die Lüge, die lange Beine hat.

FRITZ GRÜNBAUM

Eine Wahrheit erkennen ist leichter als nach ihr leben.

GRETE KÖRBER

Wahrheit

Wenn die Stunde der Wahrheit kommt, gibt es nur eines: lügen, lügen, lügen.

FERENC MOLNÁR

Nichts ist das Wahre, weil gar nichts wahr ist.

JOHANN NEPOMUK NESTROY

Fluch der Wahrheit: gewaltige Urheber zu haben und die denkbar ungeschicktesten Verbreiter.

ALEXANDER RODA RODA

Nicht alles, was wahr ist, müssen wir sagen, aber alles, was wir sagen, muß wahr sein.

PETER ROSEGGER

Eine alte Wahrheit läßt die Menschen gleichgültig, und gegen eine neue sträuben sie sich.

DANIEL SPITZER

Wahrheiten werden, solange man sie nicht begreift, Dummheiten genannt.

DANIEL SPITZER

Die Wahrheit ist nicht darauf angewiesen, von uns entdeckt zu werden.

KARL HEINRICH WAGGERL

Wahrheitsliebe

Wahrheitsliebe ist die seltenste aller amourösen Bindungen.

ALFRED POLGAR

Warten

Wenn man lange auf einen Anschluß wartet, vergißt man, woher man kommt und wohin man geht.

INGEBORG BACHMANN

Warten

Wenn Langeweile die Welt ohne Mittelpunkt ist, so ist Warten das Verweilen auf einem Mittelpunkt ohne Welt.

HEIMITO VON DODERER

Auf den pünktlichen Menschen lastet ein Fluch: sie müssen auf die unpünktlichen warten.

ALEXANDER RODA RODA

Wechsel

Gewohnheiten machen alt. Jung bleibt man durch die Bereitschaft zum Wechsel.

ATTILA HÖRBIGER

Weg

Der Weg ist wichtiger als das Ziel.

FRANZ THEODOR CSOKOR

Wegschauen

Manche Leute auf dem Bildschirm kennt man nur vom ständigen Wegschauen.

FRITZ MULIAR

Weihnachten

Christ der Retter ist da. Auf Durchreise. Nur drei Tage.

WERNER SCHNEYDER

Weinen

Das Weinen ist dem Menschen angeboren, aber das Lachen will gelernt sein.

MAX PALLENBERG

Weisheit

Der Weise stirbt nicht, er löscht aus, er verlöscht.

PETER ALTENBERG

„Ich habe meinen Bizeps im Kopf“, sagte der Weise.

PETER ALTENBERG

Man kann weise sein aus Güte und gut aus Weisheit.

MARIE VON EBNER-ESCHENBACH

Weisheit

Weise will ein jeder sein, niemand will es werden.

ERNST VON FEUCHTERSLEBEN

Weisheit ist nicht die Vollendung, sondern die Resignation der Klugheit.

HANS HABE

So viel weise Worte werden gesprochen und so wenig weise Taten gebären sie.

GRETE KÖRBER

Erfahrungen sind Ersparnisse, die ein Geizhals beiseitelegt, Weisheit ist eine Erbschaft, mit der ein Verschwender nicht fertig wird.

KARL KRAUS

Wenn man die Weisheit in der Schule des Unglücks lernt, da setzt es harte Prüfungen ab.

JOHANN NEPOMUK NESTROY

Die höchste Begeisterung hat zum ganz Lächerlichen nur einen Schritt, so wie die tiefste Weisheit zur krassen Dummheit.

FRANZ SCHUBERT

Es regnet viele Tropfen, ehe man Einsicht gewinnt, und viele Jahre vergehen, ehe man weiser wird.

ADALBERT STIFTER

Auch der Weiseste ist nur ein oft gebrannter Narr.

KARL HEINRICH WAGGERL

Welt

Der Mann hat eine Liebe: die Welt. Die Frau hat eine Welt: die Liebe.

PETER ALTENBERG

Ich kann die Welt nicht verändern, aber einen einzelnen Menschen: mich selber.

KARLHEINZ BÖHM

Die Welt ist gestaltete Kraft. Die Welt ist krafterfüllte Form.

RICHARD VON COUDENHOVE-CALERGI

Wer will, daß die Welt so bleibt, wie sie ist, der will nicht, daß sie bleibt.

ERICH FRIED

Eine Welt ohne Gott ist nicht nur die unsittlichste, sondern auch die unkomfortabelste, die sich ersinnen läßt.

EGON FRIEDELL

Wie kann man sich über die Welt freuen, außer wenn man zu ihr flüchtet?

FRANZ KAFKA

Die Welt ist ein Gefängnis, in dem Einzelhaft vorzuziehen ist.

KARL KRAUS

Es gibt eine unsichtbare Welt, die die sichtbare durchdringt.

GUSTAV MEYRINK

Die Welt ist die wahre Schule, denn da lernt man alles von selbst.

JOHANN NEPOMUK NESTROY

Die Welt ist groß, doch in uns wird sie tief wie Meeresgrund.

RAINER MARIA RILKE

Welt

Beim Anblick der Welt fassen sich zwei an die Nase. Der eine des Geruchs wegen, der andere, weil er wissen will, ob er träumt.

WERNER SCHNEYDER

Viele verwechseln heile Welt mit heiler Provinz.

WERNER SCHNEYDER

Weltschmerz? Nein, Weltironie.

ARTHUR SCHNITZLER

Es ist merkwürdig: die Welt ist das größte Wunder und gerade an dieses wollen die Frommen nicht glauben.

DANIEL SPITZER

Die Toten fehlen in der Welt so wenig wie die Ungeborenen.

KARL HEINRICH WAGGERL

Auf dem Markt der Welt kann jeder billig kaufen, der sich mit dem Unbezahlbaren begnügt.

KARL HEINRICH WAGGERL

Die Welt fängt im Menschen an.

FRANZ WERFEL

Weltgeschichte

Wie sich der kleine Moritz die Weltgeschichte vorstellt – genau so ist sie.

ANTON KUH

Weltgeschichte ist eine Verschwörung der Diplomaten gegen den gesunden Menschenverstand.

ARTHUR SCHNITZLER

Wetter

Man konnte sich kein günstigeres Wetter denken, um zu Hause zu bleiben.

DANIEL SPITZER

Wichtig

Wer wichtig ist, braucht sich nicht wichtig machen.

BRUNO ERTLER

Widerlich

Denn wir alle wissen's doch im innersten Gemüte, daß jene, die's zu was gebracht haben und aus denen was geworden ist, allermeist zu den schlechthin Widerlichen gehören, damit's endlich einmal ganz klipp und klar gesagt sei.

HEIMITO VON DODERER

Widersprechen

Die Leute, denen man nie widerspricht, sind entweder die, welche man am meisten liebt, oder die, welche man am geringsten achtet.

MARIE VON EBNER-ESCHENBACH

Widerspruch

Ohne Widerspruch können wir nicht sein, nur am Widerspruch entzündet sich immer das Leben wieder.

HERMANN BAHR

Im Munde gewisser Leute reizen die eigenen Ansichten zum Widerspruch.

KARL HEINRICH WAGGERL

Wien

Die jungen Leute in Wien kommen mit siebzig auf die Welt und leben sich dann auf fünfzig runter.

ANDRÉ HELLER

Wien hat lauter „Wahrzeichen“, und jeder Wiener fühlt sich als solches.

KARL KRAUS

In Wien hat sich seit hundert Jahren nichts verändert. Nur der Kaiser kommt nicht mehr.

FRITZ MOLDEN

Wien

Wien bleibt Wien – und das ist wohl das Schlimmste, was man über diese Stadt sagen kann.

ALFRED POLGAR

Wiener

Der Wiener ist ein mit sich sehr unglücklicher Mensch, der den Wiener haßt, aber ohne den Wiener nicht leben kann.

HERMANN BAHR

Wir Wiener blicken vertrauensvoll in unsere Vergangenheit.

KARL FARKAS

Die Wiener machen aus ihrer Mördergrube ein Herz.

FRITZ KORTNER

Das Problem für jeden Wiener: Man kann es in Wien nicht mehr aushalten. Aber woanders auch nicht.

HELMUT QUALTINGER

Manchmal weiß ich nicht, ob ich ein Wiener oder ein Mensch bin.

HELMUT QUALTINGER

Wille

Der allerelendeste Zustand ist: nichts wollen können.

ERNST VON FEUCHTERSLEBEN

Die Menschen sind oft die Sklaven ihrer Willkür, auch in sich selber; aber es ist erstaunlich, wie selten sie ihren Willen anzusetzen wissen.

HUGO VON HOFMANNSTHAL

Wenn Gott will, dann will ich auch!

WOLFGANG AMADEUS MOZART

Wille

Der Wille des Mannes verhält sich zum Willen der Frau wie eine Fliege, die in Honig gefallen ist und gern herausmöchte.

ALEXANDER RODA RODA

Das Wollen ist das Himmelreich der Menschen, das Vollbringen das der Götter.

ADALBERT STIFTER

Man darf einen anderen Menschen seines Willens nie berauben.

OTTO WEININGER

Willensfreiheit

Wer an die Freiheit des menschlichen Willens glaubt, hat nie geliebt und nie gehaßt.

MARIE VON EBNER-ESCHENBACH

Willenskraft

Die Willenskraft der Schwachen heißt Eigensinn.

MARIE VON EBNER-ESCHENBACH

Winter

Der Winter lächelt, wenn der Herbst vom Sterben spricht.

MARIE VON EBNER-ESCHENBACH

Wirklichkeit

Wirklichkeit ist die volle Deckung zwischen Innenwelt und Außenwelt.

HEIMITO VON DODERER

Es gibt Druckfehler der Weltgeschichte, die sich hartnäckig als Wirklichkeit behaupten.

ANTON KUH

Die Wirklichkeit ist eine Sense für Ideale.

HELMUT QUALTINGER

Wirtschaft

In dem Begriff soziale Marktwirtschaft liegt die Betonung auf dem Wort sozial.

JULIUS RAAB

Wirtschaft

Jede zentralistische Planwirtschaft führt zur Fehlwirtschaft, ist zuletzt Utopie.

OTHMAR SPANN

Das Warum ist die Mutter aller Wissenschaft, nur nicht der Börsenwissenschaft.

DANIEL SPITZER

Wissen

Gut, glücklich, gesund kann der Mensch sein, ohne es zu wissen.

LUDWIG ANZENGRUBER

Wenn ein jeder wüßte, was er zu wissen hätte, wäre die Welt erlöst.

PETER ALTENBERG

Unwissenheit ist die einzige Tragödie des Daseins. Es gibt keine andere.

PETER ALTENBERG

Du wußtest nichts und hofftest alles. Später wußtest du alles und hofftest nichts.

PETER ALTENBERG

Alles Wissen hat etwas Puritanisches; es gibt den Worten eine Moral.

ELIAS CANETTI

Das Wissen hat die Tendenz, sich zu zeigen. Geheimgehalten, muß es sich rächen.

ELIAS CANETTI

Das Schwerste: immer wieder entdecken, was man ohnehin weiß.

ELIAS CANETTI

Wissen

Genug weiß niemand, zuviel so mancher.

MARIE VON EBNER-ESCHENBACH

Alles Wissen geht aus einem Zweifel hervor und endigt in einem Glauben.

MARIE VON EBNER-ESCHENBACH

Die auf dem Ozean des menschlichen Wissens rudern wollen, kommen nicht weit, und die die Segel aufziehen, verschlägt der Sturm.

FRANZ GRILLPARZER

Leute, die über den Wissensdurst getrunken haben, sind eine gesellschaftliche Plage.

KARL KRAUS

In einen hohlen Kopf geht viel Wissen.

KARL KRAUS

Denken – das heißt eingesehen haben, daß das Wissen zu Ende geht.

HANS LOHBERGER

Durch unser Wissen unterscheiden wir uns nur wenig, in unserer grenzenlosen Unwissenheit aber sind wir alle gleich.

KARL RAIMUND POPPER

Wer zu viel weiß, für den ist es nicht schwer, nicht zu lügen.

LUDWIG WITTGENSTEIN

Wissenschaft

Die Naturwissenschaften haben nicht die Kraft, eine neue Weltanschauung zu schaffen; aber sie haben die Macht, jede neue Weltanschauung zu ersticken, die sich ihnen entgegenstellt.

RICHARD VON COUDENHOVE-CALERGI

Wissenschaft

Die Wissenschaft überbrückt nicht die Abgründe des Denkens, sie steht bloß als Warnungstafel davor. Die Zuwiderhandelnden haben es sich selbst zuzuschreiben.

KARL KRAUS

Wissenschaft: das selbstbewußteste aller Vorurteile.

HANS LOHBERGER

Auch der Wissenschaftler ist ein Kind seiner Zeit und seiner Kultur.

KONRAD LORENZ

Die populärwissenschaftlichen Schriften unserer Wissenschaftler sind nicht der Ausdruck der harten Arbeit, sondern der Ruhe auf ihren Lorbeeren.

LUDWIG WITTGENSTEIN

Witz

Wortwitze sind nicht etwas, was einer Sache helfen soll, sondern dem, der sie macht.

PETER ALTENBERG

Ein guter Witz reist inkognito.

MARIE VON EBNER-ESCHENBACH

Der Witz ist ein brillanter Emporkömmling von zweifelhafter Abstammung.

MARIE VON EBNER-ESCHENBACH

Den Witz eines Witzigen erzählen heißt bloß: einen Pfeil aufheben. Wie er abgeschossen wurde, sagt das Zitat nicht.

KARL KRAUS

Ein immer witziger Mensch ist etwas so Unausstehliches und Unappetitliches wie ein Kerl, der einen chronischen Schnupfen hat, aber kein Taschentuch.

ALFRED POLGAR

Witz

Witz ist Unzucht wider die Kausalität.

ALFRED POLGAR

Witz ist das Niesen des Gehirns.

ALFRED POLGAR

Witze sind wie Obst: Druck vertragen die wenigsten.

HELMUT QUALTINGER

In der Natur des Witzes offenbart sich der Charakter der Nationen.

ARTHUR SCHNITZLER

Wer Humor hat, der hat beinah schon Genie. Wer nur Witz hat, der hat meistens nicht einmal den.

ARTHUR SCHNITZLER

Der Sinn des Witzes ist, vor anderen Dingen die Wirklichkeit um den Kredit zu bringen. Indem er lächelnd zeigt, was alles möglich wäre, bricht er das Pathos der realen Sphäre.

OTTO WEININGER

Traue einem Witzigen nicht über den Weg, denn wer dich an einen Kalauer verrät, der ist zu jeder Denunziation fähig.

FRANZ WERFEL

Wohltätigkeit

Öffentliche Wohltätigkeit ist Güte mit einem Lautsprecher.

TILLA DURIEUX

Man muß das Gute tun, damit es in der Welt sei.

MARIE VON EBNER-ESCHENBACH

Wohltätigkeit

Wohltätige Frauen sind oft solche, denen es nicht mehr gegeben ist, wohlzutun.

KARL KRAUS

Die Menschen fühlen es als eine so schwere Last, für empfangene Wohltaten dankbar zu sein, daß sie, um eine solche Verpflichtung von sich abzuwälzen, die Behauptung aufgestellt haben: Wohltun trägt Zinsen.

DANIEL SPITZER

Alle guten Werke sind nur möglich, weil das Herz keine Vernunft kennt.

KARL HEINRICH WAGGERL

Wollust

Die Wollust ist die Prämie der Natur für die Mühen von Zeugung und Geburt.

SIGMUND FREUD

Wort

Worte führen zu Mißverständnissen: Aber es ist nicht alles Gold, was schweigt und verschwiegen wird.

FRANZ BLEI

Viele Worte sind lange zu Fuß gegangen, ehe sie geflügelte Worte wurden.

MARIE VON EBNER-ESCHENBACH

Menschen werden schlecht und schuldig, weil sie reden und handeln, ohne die Folgen ihrer Worte und Taten vorauszusehen.

FRANZ KAFKA

Der Agitator ergreift das Wort. Der Künstler wird vom Wort ergriffen.

KARL KRAUS

Wort

Die Worte sind nur die Mauern. Dahinter in immer blauern Bergen schimmert ihr Sinn.

RAINER MARIA RILKE

Es ist unglaublich, welche Gewalt Worte üben können.

ADALBERT STIFTER

Worte sind Taten.

LUDWIG WITTGENSTEIN

Wortschatz

Der Wortschatz der Frauen ist kleiner als der der Männer, aber dafür ist der Umsatz viel größer.

MAXI BÖHM

Würde

Würde ist die konditionale Form von dem, was einer ist.

KARL KRAUS

Wüstling

Was ist ein Wüstling? Einer, der auch dort noch Geist hat, wo andere nur Körper haben.

KARL KRAUS

Wunder

Es gibt kein Wunder für den, der sich nicht wundern kann.

MARIE VON EBNER-ESCHENBACH

Vom Arzt und vom Lehrer wird verlangt, daß er Wunder tue, und tut er sie – wundert sich niemand.

MARIE VON EBNER-ESCHENBACH

Im Alter kann man sich auf keine Wunder verlassen.

HANS HABE

Wenn schon etwas geglaubt werden soll, was man nicht sieht, so würde ich immerhin die Wunder den Bazillen vorziehen.

KARL KRAUS

Wunder

Wunder tun uns not.

RAINER MARIA RILKE.

Ein jeder wirkt sich das Wunder seines Lebens aufs neue.

ADALBERT STIFTER

Wunsch

Wünsche nichts! Das ist der größte Wunsch, den du je äußern kannst.

GUSTINUS AMBROSI

Der niedrigste Mensch: der, dem alle Wünsche erfüllt worden sind.

ELIAS CANETTI

Am Ziel deiner Wünsche wirst du jedenfalls eines vermissen: dein Wandern zum Ziel.

MARIE VON EBNER-ESCHENBACH

Unerreichbare Wünsche werden als fromm bezeichnet. Man scheint anzunehmen, daß nur die profanen in Erfüllung gehen.

MARIE VON EBNER-ESCHENBACH

Ich sah oft, daß äußerliches Entbehren dem innerlich Besitzenden notwendig sei und daß Vornehmsein heißt, immer auch seine Wünsche beschränken.

WILHELM FISCHER

Der Wunsch ist ein Wille, der sich nicht ganz ernst nimmt.

ROBERT MUSIL

Und das sind die Wünsche: Leise Dialoge täglicher Stunden mit der Ewigkeit.

RAINER MARIA RILKE

Zärtlichkeit

Wenn eine Frau die Zärtlichkeit rationiert, geht der Mann auf den schwarzen Markt.

SENTA BERGER

Ich liebe so die ersten bangen Zärtlichkeiten, die halb noch Frage sind und halb schon Antworten darauf.

STEFAN ZWEIG

Zaun

Zaun, wie machst du die Landschaft melancholisch! Im Grenzenlosen etwas Abgegrenztes!

PETER ALTENBERG

Zeit

Der Mensch besitzt nichts Edleres und Kostbareres als die Zeit. Darum verschiebe nie auf morgen, was du heute zu tun vermagst.

LUDWIG VAN BEETHOVEN

Eine Zeit, die vor dem Spiegel steht und ihre Größe bewundert, entbehrt der Größe.

MARTIN BUBER

So leben, als hätte man unbeschränkte Zeit vor sich. Verabredungen mit Menschen in hundert Jahren.

ELIAS CANETTI

Wenn die Zeit kommt, in der man könnte, ist die vorüber, in der man kann.

MARIE VON EBNER-ESCHENBACH

Wer seiner Zeit voraus ist, bleibt oft jahrelang außer Hörweite.

ROBERT JUNGK

Verbringe nicht die Zeit mit der Suche nach einem Hindernis, vielleicht ist keines da.

FRANZ KAFKA

Zu allen Dingen lasse man sich Zeit; nur nicht zu den ewigen.

KARL KRAUS

Zeit

Man verachte die Leute, die keine Zeit haben. Man beklage die Menschen, die keine Arbeit haben. Aber die Männer, die keine Zeit zur Arbeit haben, die beneide man!

KARL KRAUS

Wer sich bloß die Zeit vertreibt, vertreibt mit der Zeit noch einiges mehr.

ALEXANDER LERNET-HOLENIA

Es ist eine schöne Zeit, wo man sich noch Mühe gibt, die Zeit zu töten, aber es kommt leider nur zu schnell die Zeit, wo man merkt, daß die Zeit einen selbst tötet.

JOHANN NEPOMUK NESTROY

Die Zeiten der Wettkämpfer sind die einzigen Zeiten, die immer besser geworden sind.

WERNER SCHNEYDER

Glück ist, wenn man zusieht, wie die Zeit vergeht, und hofft, daß sie für einen arbeitet.

WERNER SCHNEYDER

Alles Echte hat seine Zeit.

KARL HEINRICH WAGGERL

Wer seiner Zeit voraus ist, den holt sie einmal ein.

LUDWIG WITTGENSTEIN

Wenn Wunden heilen sollen, muß man ihnen Zeit lassen, sich zu schließen.

STEFAN ZWEIG

Die Zeit ist die größte Wandlerin aller Werte; sie gestaltet auch die moralische Welt um.

STEFAN ZWEIG

Zeitgeist

Der Zeitgeist ist das jeweilige Gespenst der Gegenwart.

WERNER SCHNEYDER

Zeitung

Zeitungen, zum Vergessen des Vortages.

ELIAS CANETTI

Den Leuten ein X für ein U vormachen – wo ist die Zeitung, die diesen Druckfehler zugibt?

KARL KRAUS

Manche Zeitungen sind an und für sich ein Druckfehler.

WERNER SCHNEYDER

Man kann nur etwas über die Welt erfahren, wenn man wenig Zeitung liest.

PETER TURRINI

Zensur

Satiren, die der Zensor versteht, werden mit Recht verboten.

KARL KRAUS

Die Zensur ist die jüngere von zwei schändlichen Schwestern, die ältere heißt Inquisition.

JOHANN NEPOMUK NESTROY

Zerreden

Eine Liebesbeziehung kann man zerreden. Zerschweigen kann man sie nicht.

ROBERT MUSIL

Ziel

Der Weg ist wichtiger als das Ziel.

FRANZ THEODOR CSOKOR

Was jeder zu begehen hat: einen umgekehrten Selbstmord: Er allein wirkt belebend.

HEIMITO VON DODERER

Am Ziel deiner Wünsche wirst du jedenfalls eines vermissen: dein Wandern zum Ziel.

MARIE VON EBNER-ESCHENBACH

Ziel

Es gibt ein Ziel, aber keinen Weg; was wir Weg nennen, ist Zögern.

FRANZ KAFKA

Wer all seine Ziele erreicht, hat sie zu niedrig gewählt.

HERBERT VON KARAJAN

Wer fertig ist, wünscht anzufangen.

RICHARD VON SCHAUKAL

Nur Richtung ist Realität, das Ziel ist immer eine Fiktion, auch das erreichte – und dieses oft ganz besonders.

ARTHUR SCHNITZLER

Von Zielchen zu Zielchen mit keuchender Brust. Nur das hilft dem Menschen über seine ungeheuerliche Situation hinweg.

FRANZ WERFEL

Wer sich Ziele setzt, geht am Zufall vorbei: jeder Künstler gestaltet zumeist immer nur, was er versäumte zu leben.

STEFAN ZWEIG

Zorn

Wenn wir zürnen, hat unser Gegner seinen Zweck erreicht; wir sind in seiner Gewalt.

ERNST VON FEUCHTERSLEBEN

Niemand ist so sehr in Gefahr, stumpf zu werden, wie der höchst Reizbare.

FRANZ GRILLPARZER

Zufall

Der Zufall ist die in Schleier gehüllte Notwendigkeit.

MARIE VON EBNER-ESCHENBACH

Zufriedenheit

Auf seinen Lorbeeren auszuruhen ist so gefährlich, wie auf einer Schneewanderung ausruhen. Du nickst ein und stirbst im Schlaf.

LUDWIG WITTGENSTEIN

Zuhören

Es gibt kaum etwas Schöneres, als dem Schweigen eines Dummkopfes zuzuhören.

HELMUT QUALTINGER

Zukunft

Nur was für die Gegenwart zu gut ist, ist gut genug für die Zukunft.

MARIE VON EBNER-ESCHENBACH

Ich denke nie an die Zukunft. Die kommt noch früh genug.

ALBERT EINSTEIN

Es gibt keine Vergangenheit ohne Zukunft.

EGON FRIEDELL

Laß doch die Zukunft noch schlafen, wie sie es verdient. Wenn man sie nämlich vorzeitig weckt, bekommt man dann eine verschlafene Gegenwart.

FRANZ KAFKA

Ein Optimist ist jemand, der glaubt, daß die Zukunft ungewiß ist.

PAUL LÖWINGER

Die Zukunft ist eine undankbare Person, die grad nur die quält, die sich recht sorgsam um sie bekümmern.

JOHANN NEPOMUK NESTROY

Die Zukunft kommt in Raten, das ist das Erträgliche an ihr.

ALFRED POLGAR

Zurückhaltung

Man wird nur noch gehört, wenn man ganz wenig und ganz selten etwas sagt.

PETER TURRINI

Zusammenleben

Nichts entfernt zwei innerlich wenig verwandte Menschen mehr voneinander als das Zusammenleben.

MARIE VON EBNER-ESCHENBACH

Wenn man ständig mit einem Menschen zusammenlebt, sieht man nur noch die Oberfläche, die aus lauter kleinen Reibungsflächen besteht.

BRIGITTE SCHWAIGER

Zuschauer

Es ist ein entscheidender Unterschied, ob Menschen sich zu andern als Zuschauer verhalten können oder ob sie immer Mitleidende, Mitfreudige, Mitschuldige sind: dieses sind die eigentlich Lebenden.

HUGO VON HOFMANNSTHAL

Zwang

Freiheit ist ein Zwang, den wir als Zwang nicht erkennen.

KARL HEINRICH WAGGERL

Zweck

Niemals heiligt der Zweck die Mittel, wohl aber können die Mittel den Zweck zuschanden machen.

MARTIN BUBER

Der Zweck heiligt höchstens noch die Waschmittel.

HELMUT QUALTINGER

Zweifel

Der Zweifel macht die Qual jedes nach Wahrheit Suchenden aus, aber wehe ihm, wenn die Quälerin ihn verläßt.

MARIE VON EBNER-ESCHENBACH

Der Schwache zweifelt vor der Entscheidung; der Starke hinterher.

KARL KRAUS

Der Glaube versetzt Berge, der Zweifel erklettert sie.

KARL HEINRICH WAGGERL

Von diesen Österreichern stammen die Zitate:

Alfred Adler
Peter Alexander
Peter Altenberg
Günther Anders
Ludwig Anzengruber
Gerd Bacher
Ingeborg Bachmann
Wolfgang Bauer
Eduard von Bauernfeld
Vicki Baum
Senta Berger
Franz Blei
Karl Böhm
Karlheinz Böhm
Klaus Maria Brandauer
Max Brod
Martin Buber
Elias Canetti
Richard Coudenhove-Kalergi
Franz Dingelstedt
Heimito von Doderer
Peter Drucker
Tilla Durieux
Marie von Ebner-Eschenbach
Irenäus Eibel-Eibesfeldt
Rainhard Fendrich
Ernst von Feuchtersleben
Ernst Fischer
Willy Forst
Viktor E. Frankl
Karl Emil Franzos
Sigmund Freud
Erich Fried
Egon Friedell
Ernst Fuchs
Hermann Gmeiner
Franz Grillparzer
Anastasius Grün
Fritz Grünbaum
Friedrich Gulda
Albert Paris Gütersloh
Hans Habe
Friedrich Hacker
Friedrich Halm
Hans Hass
Marlen Haushofer
Joseph Haydn
André Heller
Theodor Herzl
Hans Holt
Attila Hörbiger
Paul Hörbiger
Ödön von Horváth
Friedensreich Hundertwasser
Franz Kafka
Joseph Kainz
Herbert von Karajan
Gina Kraus
Oskar Kokoschka
Fritz Kortner
Karl Kaus
Georg Kreisler
Susanna Kubelka
Anton Kuh
Alexander Lernet-Holenia
Hans Lohberger
Chris Lohner

Von diesen Österreichern stammen die Zitate:

Konrad Lorenz
Gustav Mahler
Fritzi Massary
Rosa Mayreder
Josef Meinrad
Klemens Fürst Metternich
Gustav Meyrink
Fritz Molden
Hans Moser
Wolfgang Amadeus Mozart
Robert Musil
Johann Nepomuk Nestroy
Robert Neumann
Max Pallenberg
Betty Paoli
Adolf Pichler
Erika Pluhar
Alfred Polgar
Karl Raimund Popper
Helmut Qualtinger
Julius Raab
Ferdinand Raimund
Otto Rank
Max Reinhardt
Rainer Maria Rilke
Alexander Roda Roda
Peter Rosegger
Leonie Rysanek
Ferdinand von Saar
Moritz Saphier
Richard von Schaukal
Otto Schenk
Karl Schlechta
Romy Schneider
Arthur Schnitzler
Brigitte Schwaiger
Walter Serner
Johannes Mario Simmel
Othmar Spann
Ludwig Speidel
Rudolf Steiner
Joseph von Sternberg
Adalbert Stifter
Otto Stoessl
Robert Stolz
Johann Strauß
Bertha von Suttner
Friedrich Torberg
Peter Turrini
Karl Heinrich Waggerl
Peter Weck
Peter Wehle
Hans Weigel
Otto Weininger
Franz Werfel
Oskar Werner
Stefan Zweig